궁금했어, 미디어

글 이인희 그림 박종호

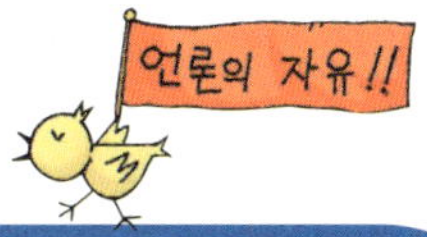

미디어는 왜 중요할까요?

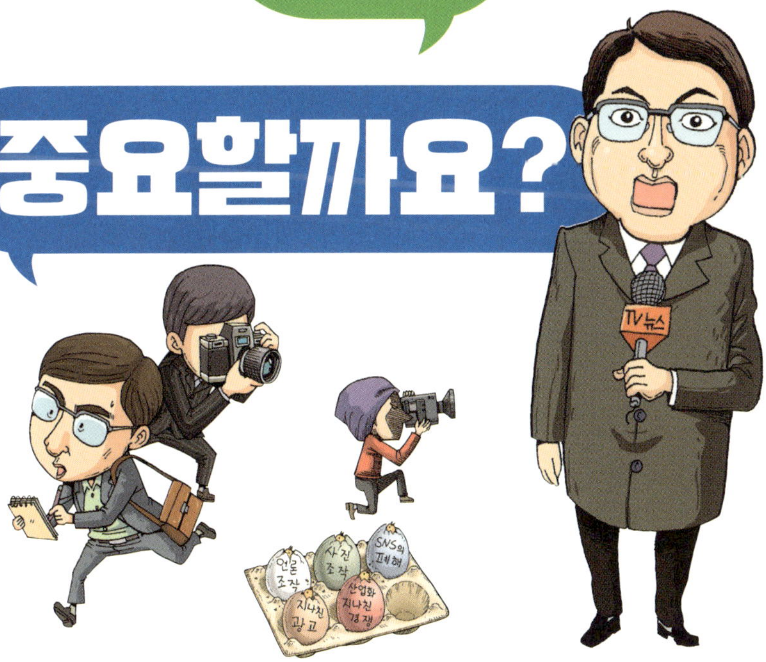

연론의 자유!!

머리말

미디어를 올바로 보는 눈을 길러 보세요!

　만약 여러분이 내일부터 무인도에 가서 살아야 한다면, 그리고 가장 필요한 물건 몇 개만 가져갈 수 있다고 한다면 무엇을 가져가고 싶은가요? 아마 텔레비전, 컴퓨터, 휴대 전화라고 대답하겠죠? 맞아요. 텔레비전, 컴퓨터, 휴대 전화는 우리의 일상생활에서 없어서는 안 되는 중요한 존재랍니다.

　대부분의 사람들은 아침에 눈을 뜨자마자 텔레비전을 켜고, 저녁에 집에 돌아오면 또 텔레비전을 보면서 편안히 쉬는 생활을 반복하고 있지요. 일할 때는 컴퓨터로 이메일을 주고받고, 사람들과 연락할 때는 휴대 전화를 씁니다. 이 같은 미디어가 없다고 상상하면 우리의 생활은 어마어마하게 불편해질 것이 뻔하지요.

　오늘날 미디어는 우리의 생활 속에 깊숙이 자리 잡고 있기 때문에 미디어의 존재를 의식하지 못하는 경우가 많아요. 그러나 스스로 삶의 주인이 되어 충실한 삶을 가꾸고자 한다면, 미디어가 나에게 무엇을 주고 무엇을 빼앗아 가는지, 미디어를 잘 알고 현명하게

사용하는 것이 왜 중요한지에 대해 생각해 볼 필요가 있답니다.

《미디어는 왜 중요할까요?》는 우리의 삶을 둘러싸고 있는 미디어에 대해 알기 쉽게 설명한 책이에요. '미디어는 왜 그리고 언제부터 생겨났을까?', '미디어는 어떤 종류가 있을까?', '미디어는 인간의 생활을 어떻게 바꾸어 놓았을까?', '미디어는 누가 만들까?', '미디어의 좋고 나쁜 점은 무엇일까?', '미디어의 목직은 무엇일까?', '미디어는 언제나 옳은 것일까?', '미디어를 만들려면 어떤 지식을 갖춰야 할까?', '올바른 미디어는 어떤 것일까?' 하는 내용들이 담겨 있지요.

이 책을 읽고 나면 여러분도 수많은 미디어의 넘치는 정보들 사이에서 어떤 것이 좋고 어떤 것이 나쁜 정보인지 잘 구별할 줄 아는 현명한 어린이가 될 거라고 믿어요.

경희대학교 미디어학과 교수 이인희

차례

머리말

미디어를 올바로 보는 눈을 길러 보세요! · 4

1장

미디어는 왜 생겨났을까요? · 9

2장

왜 사람들은 미디어를 사용할까요? · 29

3장

미디어는 어떻게 만들어질까요? · 59

4장

미디어는 언제나 옳을까요? · 95

5장

미디어는 어떤 책임을 가져야 할까요? · 119

6장

미디어를 올바로 이용하는 방법은 무엇일까요? · 143

1장

미디어는 왜 생겨났을까요?

미디어란 무엇일까요?

여러분은 텔레비전을 자주 보나요? 인터넷이나 신문은요? 아마 이것은 여러분에게 없어서는 안 될 매우 친숙한 것들일 거예요. 그런데 한번 생각해 보세요. 만약 텔레비전이나 라디오, 신문, 인터넷, 전화가 없다면 어떻게 될까요? 아마 무척이나 불편하고 갑갑할 거예요. 어떤 일이 일어나고 있는지 알 수 없고, 멀리 떨어져 있는 사람과 연락할 수도 없을 테니까요. 지금 우리가 지구 반대편에서 어떤 일이 일어나는지 알 수 있고, 우리가 관심 있는 주제에 대해 자세하게 찾아볼 수 있는 것은 바로 이렇게 텔레비전과 라디오, 신문, 인터넷 등이 있기 때문이지요.

이렇게 우리가 정보를 서로 주고받는 수단과 도구를 '미디어(media)'라고 해요. 혹시 들어 본 적이 있는 말인가요? 미디어라는 단어를 생활에서 자주 쓰긴 하지만, 정확하게 어떤 뜻인지 설명하기는 조금 어려워요. 미디어는 원래 영어에서 온 말이에요. 사전을 찾아보면 "어떤 작용을 한쪽에서 다른 쪽으로 전달하는 역할을 하는 것."이라고 나와 있어요. 쉽게 말하면 미디어는 정보를 주고받는 두 사람의 사이에서 그 정보를 전달하는 역할을 하는 도구나 수단을 가리킨답니다. 미디어라고 하면 텔레비전이나 신문만을 떠올리기 쉽지만, 꼭 그렇지만은 않아요. 친구와 휴대 전화로 통화를 하거나 문자 메시지를 주고받을 때를 생각해 보세요. 이때 휴대 전화는 둘 사이에서 서로의 목소리와 문자 메시지를 전달해 주기 때문에 미디어라고 할 수 있지요. 종이로 된 책은 어떨까요? 책은 종이에 인쇄된 활자를 통해 저자가 하고 싶은 이야기를 독자에게 전달하지요? 그래서 책 역시 미디어라고 할 수 있답니다. 신문과 잡지는 종이를 통해 뉴스와 정보를 독자에게 제공하는 미디어이고요. 라디오와 텔레비전은 방송국에서 일하는 사람들이 청취자나 시청자를 대상으로 뉴스, 음악, 오락, 드라마, 교양 프로그램 등을 접할 수 있게 해 주는 미디어이지요.

그렇다면 영화는 어떨까요? 영화감독이 제작한 영화를 필름이나 디지털로 저장해 영화관에서 관객에게 보여 주는 것이기 때문에 영화 필름이나 디지털 저장 장치가 미디어라고 할 수 있어요.

이처럼 미디어의 가장 큰 역할은 바로 정보를 전달해 주는 거랍니다. 미디어가 있어서 우리 동네의 날씨도 금방 알 수 있고, 마음

만 먹으면 신문이나 인터넷을 보면서 관심 있는 사건을 자세하게 살펴볼 수 있지요. 이처럼 미디어는 우리 생활에서 떼려야 뗄 수 없는 존재가 되었어요. 이제 미디어라는 말이 조금은 친숙하게 느껴지나요?

미디어는 왜 생겼을까요?

서로 정보를 주고받는 가장 좋은 방법은 직접 만나서 이야기를 하는 거예요. 친구와 눈을 맞추면서 이야기를 듣고 손짓과 몸짓까지 살피게 되면, 친구가 무슨 이야기를 하고 싶어 하는 건지 정확하게 알 수 있으니까요. 하지만 엄청나게 많은 사람들이 모여 사는 복잡한 현대 사회에서는 모든 사람을 일일이 만나서 이야기를 나눌 수가 없어요. 멀리 떨어져 사는 사람끼리는 한 번 만나는 데도 매우 많은 시간이 걸릴 거고요. 미디어는 이처럼 사람들이 서로 꼭 필요한 연락을 주고받거나 의사소통을 하는 데 생기는 불편함을 줄이기 위해 생겨나게 되었답니다.

오랫동안 사람들이 소통하는 수단으로 썼던 편지를 생각해 보세요. 친구한테 어떤 질문을 담은 편지를 썼다면, 친구한테서 답장이 오기 전까지는 질문에 대한 답을 알 수 없어요. 심지어 내가 쓴 편지를 받았는지도 확실히 알 수가 없지요. 사람들은 멀리 있더라도 상대방과 바로바로 소통할 수 있는 수단이 있으면 좋겠다고 생각했어요. 그래서 발명된 것이 바로 전화예요.

전화는 멀리 떨어져 있는 사람에게 목소리가 전달되도록 한 기술이지요. 말할 때 생기는 목소리의 울림을 전기 신호로 바꾼 다음, 전선을 타고 상대방의 전화기에 그 신호가 도달하게 만든 거죠. 신호가 상대방의 전화기에 도달하면 다시 사람의 목소리로 바뀌는 원리랍니다.

전화는 1876년 미국의 알렉산더 그레이엄 벨이 발명했어요. 전화는 사람들의 삶을 크게 바꾸어 놓았지요. 그도 그럴 것이, 전화가 없을 때는 먼 곳에 사는 사람에게 소식을 전하려면 편지를 쓰거나 그 근처를 가는 사람에게 대신 안부를 전하는 방법밖에 없었어요. 하지만 전화가 생기면서부터는 목소리가 듣고

나, 벨인데!

싶은 사람이 있으면 언제든 전화를 걸면 되었지요. 과학 기술의 놀라운 발전은 이것으로 끝이 아니었어요. 전화, 전보, 축음기(원판형 레코드에 녹음된 음을 재생하는 장치), 라디오, 사진, 영화, 텔레비전이 속속 등장하게 되었거든요.

지금은 많은 사람들이 집 전화 대신에 휴대 전화를 이용해요. 집 전화는 집에 사람이 없으면 받을 수 없지만 휴대 전화는 언제든 연락을 주고받을 수 있으니까요. 혹시 전화를 못 받았다 하더라도 누구에게 걸려 온 전화인지 표시되기 때문에 전화가 서로 엇갈려 발을 동동 구르는 일은 없답니다.

이러한 전화기가 발명된 것은 지금으로부터 약 150년 전의 일이에요. 인류의 길고 긴 역사에 비하면 정말 얼마 안 된 일이죠. 그런데 요즘의 스마트폰과 같은 첨단 미디어 기술은 더욱 더 빠른 속도로 엄청난 발전이

이루어진 거랍니다.

이렇게 미디어의 역사를 살펴보면 미디어가 왜 생겨났는지 답을 찾을 수 있어요. 바로 '언제 어디서든지 원하는 정보를 얻고, 서로 이야기를 주고받고 싶어 하는 마음' 때문이에요. 사람들의 이러한 욕구를 실현시키기 위해 끊임없이 발전을 거듭한 거랍니다.

미디어는 어떻게 발전해 왔을까요?

자, 그럼 이제부터 미디어가 어떻게 발전해 왔는지를 살펴볼게요. 미디어의 역사는 인류의 역사와 함께해 왔다고 할 수 있어요. 인류가 문자를 사용하지 않던 시대에도 오늘날의 미디어와 같은 역할을 하는 수단이 있었답니다.

옆 마을의 소식을 전하는 사람

아주 먼 옛날, 문자가 생기기 전인 선사 시대에 사람들은 어떻게 소식을 전했을까요? 글자가 없어서 편지도 쓸 수 없던 그때는 사람이 미디어의 역할을 했어요.

기원전 8천 년경, 사람들은 먹을 것을 찾아 더 이상 이리저리 떠돌아다니지 않고 한곳에 머물면서 생활하기로 했어요. 농사를 짓기 시작했거든요. 봄에 씨를 뿌리고 가을에 수확을 하려면 한곳에서 터전을 일구어야 했지요.

이렇게 정착 생활을 하면서 인구가 조금씩 늘어나자 마을을 이루게 되었어요. 사람들은 자기 마을뿐 아니라 다른 마을에는 어떤 일이 일어나는지 늘 궁금했어요. 이러한 마음은 인간이 가진 아주 자연스러운 본능이지요. 그러다 보니 사람들이 많이 모이는 넓은 장소를 찾아다니며 큰 소리로 다른 마을에서 일어난 소식을 전해 주는 사람이 생겨났어요. 이렇게 사람이 직접 미디어의 역할을 한 거랍니다.

교통의 발달

미디어의 발달은 교통 발달과 깊은 관계가 있어요. 처음에는 사람들이 직접 걸어가거나 뛰어가서 먼 곳의 소식을 전해 주었지요. 문자가 발명된 후에는 돌, 양피지, 종이에 전하고 싶은 이야기를 써서 소식을 전했어요.

물론 이때는 정보를 전달하는 속도가 매우 느렸어요. 사람이 아무리 온종일 달린다고 해도 그리 멀리까지 갈 수는 없었으니까요. 그래서 북소리나 불을 피우는 봉화 등을 이용해 다른 마을로 여러 가지 신호를 전하기도 했어요.

그다음에는 말이 중요한 역할을 했어요. 말은 사람보다 몇 배 빨리 달릴 수 있기 때문에 정보를 전달하는 속도가 조금 빨라졌지요. 그 후 오랫동안 사람들은 말을 타고 소식을 전달했답니다.

그러다가 18세기 중엽에 산업 혁명이 일어나면서 기차, 자동차, 배, 비행기와 같은 교통수단이 발달했어요. 덕분에 미디어의 속도도 점점 빨라지기 시작했어요.

종이의 발명

또 하나, 종이의 발명도 미디어의 발달에 큰 공헌을 했지요. 종이가 없을 때는 대나무나 돌, 흙판, 양피지 같은 곳에 글을 새겨야 했어요. 이런 것들은 부피가 크고 운반하기도 힘들어서 매우 불편했지요. 하지만 종이는 얇고 가벼워서 많은 양의 정보를 담을 수 있었어요. 그 후 종이는 오늘날에 이르기까지 신문, 잡지, 책 등과 같은 미디어로서 없어서는 안 되는 존재가 되었답니다.

하지만 종이도 처음 만들어졌을 때는 사람이 일일이 손으로 글자를 써야 했기 때문에 많은 정보를 널리 전달하는 데는 어려움이 있었어요. 그래서 사람들은 '활자'를 발명하게 되었지요. 활자란 종이에 인쇄할 수 있도록 나무나 금속 위에 글자를 새긴 것을 말해요. 나무에 글자를 새기면 목활자, 금속에 새기면 금속 활자라고 하지요.

활자는 한 번 만들어 두면 오래오래 사용할 수 있기 때문에 정보를 보다 많이 빠르게 전달할 수 있었어요. 그런데 혹시 우리나라가 세계 최초로 금속 활자를 만들었다는 사실을 알고 있나요? 그 활자로 찍어 낸 책이 바로 《직지》랍니다. 《직지심체요절》이라고도 부르지요.

인쇄의 시작

이후 1450년경에 독일 사람인 요하네스 구텐베르크가 금속 활자를 이용해 인쇄기를 만드는 데 성공했어요. 이제 사람들은 종이에 인쇄한 신문과 책을 마음껏 읽을 수 있는 시대를 맞이하게 되었답니다.

인쇄기는 한꺼번에 많은 양을 인쇄할 수 있었기 때문에 책의 가격도 싸졌어요. 여전히 비쌌지만 손으로 베낀 책보다 훨씬 싸고 쉽게 책을 구할 수 있었지요. 특히 가톨릭 신부들만 읽을 수 있었던 성경을 일반 사람들도 읽게 되었어요. 당시에는 글을 읽을 수 있는 사람이 매우 적었는데, 세상이 이렇게 바뀌자 글을 배우고자 하는 열망도 높아졌지요. 그러다 보니 자연스럽게 교육에 신경을 쓰게 되었고요. 사람들은 스스로 성경을 읽으면서 교회에서 가르치는 내용과 자신이 읽은 성경의 내용이 다르다는 사실을 깨닫게 되었어요. 그 결과 유럽 곳곳에서 종교 개혁이 일어나게 되었지요. 인쇄기의 발명이 온 세계를 뒤흔든 씨앗이 된 거예요.

모스 부호

하지만 사람들은 여전히 더 많은 양의 정보를 보다 빨리 주고받고 싶어 했어요. 근대 사회가 시작되면서 과학 기술은 계속 발달했고 새로운 통신 수단도 속속 발명되었어요. 덕분에 뉴스와 정보를 전파로 바꾸어서 신속하게 보낼 수 있는 기술이 발달했어요.

최초의 통신 미디어는 모스 부호예요. 모스 부호는 점과 선을 섞어서 문자나 기호를 나타내는 거예요. 예를 들어서 '·–··–––···–·' 이라고 하면 알파벳으로 'LOVE'라는 글자가 돼요. 신기하고 재미있지요? 미국의 발명가 새뮤얼 모스가 고안했다고 해서 모스 부호라고 불러요. 먼 곳으로 급하게 전해야 할 말이 있을 때 몇 줄로 간단하게 바꾸어서 보내면, 그쪽에서 모스 부호를 해석해서 글자로 바꾸어 주는 방법이랍니다. 우리나라에서는 '전보'라는 이름으로 1960~1970년대에 많이 사용되었지요.

라디오와 텔레비전

그 뒤를 이어서 전화, 라디오, 텔레비전이 발명되었어요. 드디어 오늘날과 비슷한 미디어 환경이 갖추어진 것이죠. 그런데 라디오나 텔레비전은 땅 위에서 전파를 보내는 것이기 때문에 지구 반대편까지 뉴스와 정보를 전달하기는 어려웠어요. 그래서 사람들은 달이 지구 주위를 도는 것에서 아이디어를 얻어 인공위성을 만들어 쏘아 올렸지요. 달을 지구의 '위성'이라고 하잖아요? 인공위성은 마치 달처럼 지구 주위를 돌면서 땅 위에서 보내는 전파를 받아 다른 곳으로 전달해 주지요.

인공위성의 시대가 열리면서 세계 곳곳에서 일어나는 사건을 위성을 통해 텔레비전 생방송으로 볼 수 있게 되었어요. 영국, 스페인 등 유럽의 축구 리그에서 우리나라 선수들이 활약하는 모습을 실시간으로 볼 수 있게 된 것도 바로 인공위성 덕분이에요. 마침내 '지구촌 시대'가 실현된 것이지요.

개인용 컴퓨터와 인터넷

그러면 컴퓨터는 언제 발명되었을까요? 매우 오래전에 발명되었으리라 생각하겠지만 개인용 컴퓨터(PC)가 널리 사용된 것은 30여 년 전인 1990년대의 일이에요. 이제 많은 사람들이 컴퓨터로 업무를 보고, 전화나 우편 대신 이메일을 이용하지요. 사무실에서 일하는 사람이라면 누구나 책상 위에 업무용 컴퓨터가 놓이게 되었고요.

얼마 후 1990년대 후반부터는 인터넷이 널리 사용되기 시작했어요. 인터넷은 그동안 사랑받았던 미디어인 신문, 잡지, 라디오, 텔레비전과 함께 더욱 신속하고 풍부한 양의 뉴스와 정보를 전해 주는 '뉴 미디어(new media)'로 자리 잡게 되었답니다.

인터넷이 생기기 전과 후의 가장 큰 차이점이라면 사람들이 미디어가 주는 뉴스를 그대로 받아 보기만 하는 것이 아니라, 자신이 원하는 뉴스와 정보를 능동적으로 찾아갈 수 있게 되었다는 거예요. 인터넷이 등장하기 전에는 수동적으로 미디어를 이용했어요. 신문사나 방송사에서 뉴스를 만들어 내보내면 우리는 그대로 받아 볼 수밖에 없었지요. 사회 문제나 관심 분야에 대해서 자신의 주장을 펼칠 수 있는 미디어가 별로 없었어요.

하지만 이제 누구든지 인터넷에 홈페이지나 블로그를 만들어서 자신이 가진 정보와 지식을 내보일 수 있는 세상이 열렸어요. 직접 글을 쓰거나 동영상을 제작해서 여러 사람들과 나누기도 하고, 이를 통해 사람들의 목소리를 모아 주장을 펼치기도 하지요.

스마트 미디어 시대

인터넷이 널리 보급된 후 다시 10여 년이 지난 2010년 무렵부터는 스마트 미디어 시대가 열리게 되었어요. '스마트 미디어(smart media)'란 예전부터 있었던 각각의 미디어를 하나의 기기 안에 통합해서 언제 어디서든 자유롭고 편리하게 이용할 수 있도록 만든 최첨단 기기를 말해요.

책을 보려면 꼭 종이로 된 책이 있어야 하고, 음악을 들으려면 라디오나 CD 플레이어, MP3 플레이어 같은 재생 장치가 꼭 있어야 했던 때도 있었어요. 그런데 스마트 미디어에는 책, 신문, 잡지, 라디오, 텔레비전 같은 대중 미디어뿐만 아니라, 휴대 전화, 디지털 카메라, 음악 재생 장치, 개인용 컴퓨터까지 모두 한꺼번에 담겨 있어요. 이제는 스마트 미디어 기기 하나만 있으면 되지요.

그러다 보니 종이에 인쇄하던 책, 신문, 잡지가 점차 전자책, 전자 신문, 전자 잡지로 형태가 바뀌고, 라디오와 텔레비전도 작은 기계 안으로 쏙 들어가게 되었어요. 자동차나 지하철에서도 원하는 방송을 듣거나 볼 수 있게 된 거예요.

미디어는 지금도 변화를 계속하고 있어요. 미래의 미디어는 여러분의 상상을 뛰어넘을 정도로 발전할 거예요. 언젠가는 공상 과학 영화에서처럼 텔레파시로 의사소통을 할 수 있는 미디어가 등장할지도 모르지요!

생각 넓히기

❶ 옛날에는 편지로 연락을 주고받았어요. 우편으로 편지를 부치면 우체국에서 편지를 모아서 받는 사람의 주소로 배달해 주었지요. 요즘은 이메일, 문자 메시지, 메신저 등을 많이 이용해요. 편지를 쓰던 시대와 요즘을 비교할 때 어떤 장점과 단점이 있을까요?

❷ 전자책을 읽어 본 적이 있나요? 종이로 만든 책을 읽을 때와 전자책을 읽을 때 어떤 점이 다른가요? 각각의 장점과 단점을 생각해 보세요.

❸ 친구들에게 내 생일을 알리고 싶을 때 어떤 미디어(또는 방법)를 사용하나요? 그리고 그 방법을 선택한 이유는 무엇인가요?

❹ 지구촌에서 일어나는 뉴스를 신속하게 알고, 다른 사람보다 많은 정보를 보다 빨리 얻으려면 어떤 미디어를 활용하면 좋을까요?

2장

왜 사람들은 미디어를 사용할까요?

　배고플 때 음식을 먹어야 살아갈 수 있듯이 사람들은 자기 주변에 무슨 일이 일어나고 있는지 알고 싶어 하는 본능을 가지고 있어요. 다시 말하면 사람은 '정보를 얻고 싶어 하는 존재'라고 할 수 있지요. 매일 만나는 친구끼리도 전날 무슨 일이 있었는지 궁금한 것처럼요.

　이와 같은 본능 때문에 사람들은 오래전부터 미디어를 발명하고 발전시켜 올 수 있었답니다. 아마 사람들이 다른 사람에게 아무 관심이 없었다면 미디어의 발전은 거의 이루어지지 않았을 거예요.

　지금 우리는 인공위성이나 인터넷과 같은 첨단 기술을 통해 전 세계가 간편하게 연결되는 시대에 살고 있어요. 그렇다면 미디어가 사람들의 생활에 어떤 영향을 미쳤는지 그 발전 과정을 따라가 볼까요?

미디어는 사람들의 생활을 어떻게 바꾸었을까요?

민주주의를 싹트게 한 로마의 벽보

고대 로마 시대에는 광장에 큰 벽보가 붙어 있었어요. 이 벽보가 오늘날의 신문과 같은 역할을 했다고 생각하면 이해하기 쉬울 거예요. 누구든지 벽보에 쓰여 있는 글을 보면서 어떤 제도가 새롭게 시행되는지, 로마 안에서 어떤 일들이 일어났는지 알 수 있었지요. 그래서 로마 사람들은 틈만 나면 벽보를 보려고 광장에 모여들었어요. 벽보를 읽으며 좋은 소식에는 즐거워하기도 하고, 나쁜 소식을 읽으면 슬퍼하기도 하고, 흥분하기도 했지요. 벽보에 붙은 소식은 시민들의 입소문을 타고 로마 곳곳으로 퍼져 나갔어요.

또 광장에 모인 사람들은 여기저기 모여 앉아서 벽보의 내용에 대해 토론을 벌이기도 했어요. 벽보의 내용이 옳은지 그른지 자신의 생각을 이야기하거나 다른 사람의 의견에 반박하기도 했지요. 이런 토론은 로마 사람들의 시민 의식을 높여 주었고 민주주의가 싹트는 기초가 되었지요.

인기 있던 직업, 필경사

105년경 중국에서 발명된 종이는 정보를 먼 곳까지 전달하는 데 큰 기여를 했어요. 종이는 가벼워서 몸에 지니기 편리했고 그만큼 운반하기도 쉬웠기 때문에 말을 타고 먼 곳까지 소식을 전하는 데 안성맞춤이었지요.

그러다 보니 글씨를 잘 쓰는 사람이 좋은 대우를 받았어요. 당시에는 인쇄 기술이 없었기 때문에 책을 보고 그대로 베껴 써야 했거든요. 이렇게 책을 옮겨 쓰는 일을 하는 사람을 '필경사'라고 해요. 그런데 필경사는 아무나 할 수 있는 일이 아니었어요. 글을 읽고 쓸 줄 알고, 성격이 차분하고, 손재주도 좋아야 했기 때문이에요. 그래서 필경사는 오랫동안 매우 인기 있는 직업이었답니다.

종교 개혁의 바탕이 된 인쇄술

앞에서 인쇄술이 종교 개혁의 불씨가 되었다고 설명했지요? 인쇄술의 등장은 단순히 기술적인 측면을 넘어서 인류의 역사를 뒤흔들 정도로 큰 역할을 했답니다.

당시에는 책이 아주 귀한 물건이었어요. 아주 높은 지위에 있거나 부유한 사람들만 책을 가질 수 있었고, 볼 수 있었어요. 그런데 인쇄기가 발명되자 한꺼번에 많은 책을 만들 수 있어서 책값이 싸졌고, 일반 사람들도 마음만 먹으면 손쉽게 책을 접할 수 있게 되었지요. 그러자 사람들의 생활에도 많은 변화가 생겼어요.

구텐베르크가 인쇄한 책 중에 대표적인 것이 바로 성경이에요. 사람들은 그전까지는 교회에서 신부님이 읽고 해석해 주던 것만

을 들었지만 이제 글을 배우고 성경을 직접 읽게 되자, 신부님이 들려주는 말씀에 의문을 품게 되었어요. 스스로 성경을 해석할 수 있게 되었거든요.

또 1517년 10월 31일, 종교 개혁의 아버지로 불리는 마르틴 루터는 교회의 면죄부 판매가 잘못된 것이라며 〈95개조의 반박문〉을 발표했어요. 당시 매우 부패했던 유럽의 가톨릭 교회는 돈을 주고 면죄부를 사면 자기가 지은 죄가 모두 없어진다고 주장했어요. 루터는 교회에서 돈을 벌 목적으로 면죄부를 파는 것을 비판하는 반박문을 인쇄해서 사람들에게 뿌렸지요. 이 인쇄물은 순식간에 멀리까지 퍼져 나가 많은 사람들의 지지를 얻었어요.

만약 루터가 그냥 광장에서 자신의 생각을 외쳤다면 어땠을까요? 뜻을 같이하는 사람을 만날 수는 있었겠지만 종교 개혁이라는 시대의 큰 흐름을 이끌어 내지는 못했을 거예요. 루터가 인쇄한 〈95개조의 반박문〉이 손에서 손으로 빠르게 전달되었기 때문에 많은 사람들의 지지를 얻었던 것이죠. 그러니까 인쇄 기술이 없었다면 루터의 종교 개혁은 실패했을지도 모르는 일이랍니다.

검열과 금서

사람들은 이제 마음껏 책을 읽을 수 있게 되었고, 자신의 주장을 담은 글을 인쇄하기도 했어요. 내용은 주로 당시의 정치를 비판하는 것이 많았어요. 그러자 왕들은 자신의 허가 없이는 사람들이 인쇄기를 갖지 못하도록 정했어요. 또 인쇄기로 찍어 내는 책을 검열하는 제도를 만들기도 했지요. 혹시 불손한 내용이 담긴 것은 아닌지 인쇄되는 책들의 내용을 검사한 거예요. 그러나 사람들은 이에 굴복하지 않았어요. 계속해서 왕이나 잘못된 정치에 대해 인쇄물을 통해 세상에 알렸지요.

뿐만 아니라 구텐베르크의 인쇄술을 도입한 이탈리아반도의 베네치아 공화국 상인들은 여러 가지 정치 관련 책들을 인쇄했어요. 이 중에는 다른 나라들에서 읽거나 출판하는 것이 금지된 책도 많았지요. 시민 의식을 높이자는 내용을 담은 것이 대부분이었거든요. 이렇게 되자 많은 지식인들이 베네치아 공화국으로 몰려들어 이런 책들을 구입해서 읽곤 했어요. 이러한 책들은 오늘날의 시민 사회를 만드는 정신적인 기초가 되었답니다.

산업 혁명으로 빨라진 삶의 속도

산업 혁명이 시작되면서 과학 기술은 급속하게 발전했고 더욱 다양한 기계들이 속속 발명되었어요. 그리고 예전에는 상상할 수 없을 정도의 빠른 속도로 먼 거리까지 뉴스와 정보를 전달할 수 있었어요. 그만큼 삶의 속도도 빨라지게 되었답니다. 급하게 연락할 일이 있는데, 편지지에 직접 손으로 편지를 써서 보내야 한다고 생각해 보세요. 우체통에 들어간 편지가 마차나 기차에 실려 우체국에 모였다가 받는 사람에게 전달되고, 다시 답장을 받을 때까지 기다리려면 열흘은 족히 걸리겠지요? 여러분은 생각만 해도 답답할 거예요. 그런데 전화가 생기면서는 아주 빠르고 손쉽게 해결할 수 있게 되었어요. 그러다 보니 편한 점도 있지만 나쁜 점도 생겼어요. 무엇보다 사람들의 인내심이 줄어든 거지요.

또 과거에는 저녁이 되어 어두워지면 잠자리에 들었지만 이제는 친구와 전화 통화를 하거나 늦게까지 텔레비전을 보았어요. 라디오로 음악을 듣기도 했지요. 이렇듯 과거에는 하지 않았던 일들을 해야 하니 당연히 모든 일을 빨리빨리 처리해야 했어요.

인터넷과 '개인 미디어' 시대의 등장

개인용 컴퓨터의 등장은 인류에게 인쇄기의 발명만큼이나 큰 사건이었어요. 손으로 글씨를 쓰는 것이 아니라 자판으로 빠르게 입력하고, 그것을 프린터로 출력까지 할 수 있었으니까요. 또 타자기와 달리 쓴 글씨를 지울 수도 있고, 여러 장 인쇄할 수도 있고, 디자인까지 가능했지요. 사람들은 사무실이나 집에서 자신만의 컴퓨터를 가지고 여러 가지 작업을 할 수 있게 되었답니다.

게다가 인터넷 서비스가 시작되면서부터는 신문 대신 컴퓨터로 뉴스를 읽고 편지 대신 이메일을 보내기 시작했어요. 필요한 정보

들도 인터넷 검색으로 찾아냈지요. 이것을 두고 빌 게이츠는 "손가락 끝에서 세계의 모든 정보를 얻을 수 있다."라고 표현하기도 했지요.

이제 사람들은 개인 홈페이지나 블로그를 만들어서 지식과 경험, 생각을 다른 사람들과 적극적으로 나누며 자신만의 미디어로 활용할 수 있게 되었어요. 또 누구나 원하면 시민 기자가 되어 자신이 중요하다고 생각하는 사건을 취재하고 그 내용을 인터넷을 통해 올릴 수 있게 되었지요.

그 결과 신문사와 방송사에서 일하는 기자의 역할과 권위는 점차 낮아졌어요. 정치나 사회 문제에 대해 그동안은 신문사와 방송사에서 보도해 주는 것만을 보고 들어야 했지만, 이제는 시민들이 그것에 대해 자신의 생각을 이야기할 수도 있고 취향에 따라 선택해서 볼 수도 있게 된 거예요. 그러자 언론에 대한 사람들의 인식과 이해 수준도 매우 높아졌지요. 과거에는 "언론은 제4의 권력이다."라는 말이 있을 정도로 막강한 힘을 자랑했지만, 이제는 그 힘을 시민들이 나누어 갖는 시대가 된 거랍니다.

상상에서 기술로

2010년에 등장한 스마트폰 역시 또 다른 정보 혁명을 가져왔어요. 스마트폰으로는 뭐든지 다 할 수 있다고 해도 지나친 말이 아니에요. 지금까지의 미디어가 할 수 없었던, 상상을 초월하는 기능까지도 척척 해내고 있으니까요.

'필요는 발명의 어머니'라는 말이 있지요? 인류의 지식과 지혜가 발달할수록 미디어 기술도 발전해 인쇄, 전파, 온라인에 이어서 이제는 모든 미디어 기술이 하나로 통합되는 스마트 미디어의 단계까지 도달한 거예요.

앞으로 미래에는 더욱 신기하고 편리한 미디어가 등장할까요? 오래전 하늘에 위성을 띄운다는 인간의 상상력이 실제로 인공위성을 만드는 기술을 가능하게 했듯이, 상상 속에서만 꿈꾸었던 기술들이 머지않아 실현될 수 있을 거라는 생각이 드네요.

이렇게 미디어의 발전 과정을 살펴보면 그 발전의 원동력은 바로 인류가 끊임없이 추구해 온 '편리함'이라는 것을 알 수 있어요. 보다 편리하게 이야기를 나누고 상대방의 생각을 알고자 했던 노력이 기술의 발전으로 결실을 맺었고, 마침내 오늘날의 스마트폰까지 만들게 된 것이죠.

현대는 미디어 없이 살 수 없는 시대예요. 아침에 눈을 뜨고 밤에 잠자리에 들 때까지 언제나 미디어와 함께한답니다. 아침에 일어나면 스마트폰으로 학교에 가는 버스가 언제 오는지 확인하고, 인터넷 방송을 보면서 공부를 하기도 하지요. 스마트폰으로 음악을 듣거나 뉴스를 보고, 최신 유행하는 문화 현상에 대해서도 손쉽게 알 수 있어요. 스마트폰 화면이 작아서 불편하다고 느낀다면 태블릿 PC('아이패드'나 '갤럭시탭'처럼 키보드 없이 한 손에 쉽게 들고 다닐 수 있는 소형 휴대용 컴퓨터)로 책, 웹툰, 영화, 드라마까지 볼 수 있지요.

이제 미디어는 우리에게 친구 같은 존재가 되었어요. 이처럼 미디어는 우리의 생활을 바꾸는 데 큰 역할을 담당해 왔어요. 과연 앞으로 10년쯤 뒤에는 또 어떤 정보 혁명이 기다리고 있을까요?

미디어에는 어떤 종류가 있을까요?

종이에 인쇄하는 인쇄 미디어

인쇄 미디어는 종이에 문자를 인쇄해 정보를 전달하는 것을 말해요. 우리가 날마다 읽는 책과 신문, 잡지가 가장 대표적인 인쇄 미디이지요.

책은 저자가 자신의 생각과 지식을 독자들에게 전달하는 수단이라는 점에서 미디어라고 할 수 있어요. 또한 신문은 사람들에게 새로운 소식을 전하기 위해 인류가 발명한 가장 오래된 미디어지요. 신문은 정부에게 허가를 받은 기업들만 만들 수 있어요.

신문을 만드는 과정을 간단하게 설명하면, 먼저 신문사에 소속된 기자들이 주요한 사건이 일어난 곳을 찾아가거나 사람들이 꼭 알아야 할 가치가 있는 일을 취재해 그것을 기사로 써요. 신문에는 기자들의 기사만 실리는 것은 아니에요. 신문사에서 의뢰한 사람들에게 받은 원고를 기사로 싣기도 하지요. 이렇게 신문에 실을 기사가 모두 모이면 사진과 함께 기사의 중요도에 따라 배열하고 보기 좋게 디자인한 후에 인쇄기로 찍어 내면 신문이 만들어지지요.

신문은 발행되는 기간에 따라 매일 발행하면 일간 신문, 일주일에 한 번씩 발행하면 주간 신문이라고 해요. 또 어떤 분야의 기사를 다루는가에 따라 종합 신문, 경제 신문, 스포츠 신문 등으로 나누기도 하지요.

그렇다면 신문사는 어떻게 수익을 올리는 것일까요? 바로 신문 아래쪽에 있는 광고예요. 신문을 보면 매 쪽마다 아래에 광고를 싣고 있어요. 한 면 전체가 광고일 때도 있고요. 대부분의 신문사는 신문을 만들고 판매해서 이윤을 얻어야 하는 기업이기 때문에 많은 광고를 싣는 거랍니다. 물론 거리에서 신문을 판매하는 수입이 있고, 정기 구독을 하는 사람들에게 받는 신문값도 있기는 해요. 하지만 가장 많은 수입을 가져다주는 것은 신문에 실린 광고의 비용인 광고료예요. 광고료는 그 신문이 얼마나 많이 팔리는가에 따라 결정되는데, 발행 부수가 많은 신문일수록 광고료가 비싸지요. 우리가 신문에 실린 기사를 읽을 때 신문 광고까지 자연스럽게 보게 되기 때문에 신문 가격이 비교적 저렴한 거랍니다.

신문은 그날그날의 소식을 신속하게 전하는 역할이 중요해요. 그래서 사회에서 일어나는 중요한 사건이나 사고, 독자들이 알아야 할 문제 등을 깊이 있게 다루기에는 지면이 부족하지요. 이런 역할은 잡지가 대신하고 있어요. 잡지는 사회적으로 중요한 문제를 상세하고 전문적으로 분석해 독자의 궁금증을 풀어 주지요. 그래서 신문보다 분량이 많아요.

잡지는 일주일마다 발행하면 주간지, 매월 발행하면 월간지, 3개월 단위로 발행하면 계간지라고 해요. 잡지는 독자들의 나이, 성별, 직업, 취미, 관심에 맞추어 스포츠, 영화, 경제, 만화 등 매우 다양하게 발행되고 있어요.

전파를 담아 보내는 전파 미디어

전파 미디어는 우리 눈에 보이지 않는 전파에 정보를 담아 먼 곳까지 보내는 미디어예요. 라디오와 텔레비전이 대표적이지요. 전파 미디어는 많은 뉴스와 정보를 한꺼번에 곳곳으로 신속하게 전달하기 때문에 인쇄 미디어보다 속도가 빠르답니다.

전파에는 주파수라는 것이 있어요. 정부는 방송사에게 일정한 주파수를 할당해 주고, 방송사는 그 주파수에 맞춰서 전파를 보내지요. 전파는 중계탑을 거쳐 각 가정의 안테나로 수신돼요. 이와 같이 땅 위로 전파를 보내서 수신하는 시스템을 '지상파 방송'이라고 불러요. 우리나라의 지상파 방송사에는 MBC, KBS, SBS 등이 있답니다. 이것 말고 인공위성을 이용한 위성 방송도 있어요. 방송사가 하늘에 띄운 인공위성으로 전파를 보내고, 인공위성이 이 전파를 다시 우리가 사는 땅 위로 보내 주는 방식이에요.

지상파 방송은 전파를 보낼 수 있는 범위가 좁고, 멀리 보내기 위해서는 송출탑을 세워야 하지요. 반면에 위성 방송은 하늘에 떠 있는 위성을 통해 전파를 전달하기 때문에 훨씬 넓은 곳까지 전파를 보낼 수 있어요. 심지어는 대륙 전체까지도 방송을 보낼 수 있지요. 위성 방송을 보려면 위성 방송 수신 안테나와 수신기만 텔레비전에 설치하면 된답니다.

그런데 한 가지 생각해 보아야 할 것이 있어요. 우리가 아무 생

각 없이 보는 텔레비전의 프로그램도 하나의 상품이라는 사실이에요. 신문사와 마찬가지로 방송사도 기업이기 때문에 자신들이 제작한 프로그램을 많은 사람이 시청할수록 이익을 많이 남길 수 있어요. 왜냐하면 시청률이 높을수록 그 프로그램에 붙는 광고료를 비싸게 받을 수 있거든요. 여러분도 재미있는 프로그램이 시작되기 전에는 유난히 광고가 많다는 생각을 한 적이 있을 거예요. 그렇기 때문에 방송국에서는 어떻게 하면 보다 재미있는 프로그램을 만들어서 시청률을 높일까 늘 연구하고 고민하지요.

우리가 텔레비전을 보는 대가로 지불하는 돈은 한 달에 몇 천 원 정도예요. 이렇게 적은 비용을 지불하면서 한 달 내내 텔레비전을 마음껏 볼 수 있는 것은 방송사가 광고료를 통해 수익을 올리기 때문이랍니다.

전파 미디어는 인쇄 미디어보다 오락적인 내용이 많아요. 요즘 우리나라의 텔레비전 프로그램 중에는 유난히 예능 프로그램이 많아요. 여행, 육아, 연예인의 일상, 맛집 기행 등 종류도 다양해요. 시청률에 따라 유행하는 프로그램의 종류가 바뀌기도 하지만, 우리나라 시청자들이 유난히 예능 프로그램을 좋아한다고 볼 수만은 없어요. 방송사가 예능 프로그램을 많이 제작하고 편성해서 자연스럽게 보게 되는 측면도 있답니다.

전파 미디어 중에서 특히 지상파 방송은 주파수와 채널이 제한되어 있기 때문에 개인이 마음대로 가질 수 없는 공공자원과 같아요. 따라서 누구 한 사람의 이익을 위해 전파를 독점할 수 없지요. 누구나 보는 지상파 방송의 경우는 모든 사회 계층의 목소리를 골고루 담고 공동의 이익을 위해 사용될 수 있도록 노력해야 한답니다.

케이블을 통해 보내는 온라인 미디어

온라인 미디어는 전파 미디어처럼 무선으로 전파를 보내는 것이 아니라, 케이블(전선)을 통해 전파를 보내는 것을 말해요. 대표적으로 케이블 텔레비전과 IPTV가 있지요. 지상파 방송은 주파수가 한정되어 있기 때문에 채널이 많지 않아요. 하지만 온라인 미디어는 땅 위나 지하에 설치한 케이블망을 통해 전파를 보내기 때문에 수백 개의 채널까지도 이용할 수 있어요.

그런데 케이블 텔레비전과 IPTV가 생기면서 채널 수가 많아지자 방송이 공공성보다는 상업적인 면에 치중하게 되었어요. 즉, 이익을 내는 데만 관심을 두게 된 거예요. 그래서 프로그램에 광고가 점점 많아지고, 프로그램 사이사이에도 광고가 들어가게 되었지요.

지상파 방송은 텔레비전만 있으면 따로 가입을 하지 않아도 되지만, 케이블 방송을 시청하려면 별도로 비용을 지불하고 가입을 해야 해요. 또 케이블 방송 회사는 가정에 방송을 보낼 때 지상파

방송사의 채널도 의무적으로 내보내야 하지요.

　케이블 방송은 채널 수가 많기 때문에 시청자로서는 다양한 채널을 원하는 대로 골라서 볼 수 있는 장점이 있어요. 지상파 방송은 하나의 채널이 뉴스에서부터 드라마까지 여러 가지 분야를 골고루 방송하지요. 하지만 케이블 방송은 하나의 채널에서 하나의 분야만을 전문적으로 담당해요. 예를 들어 YTN이나 MBN처럼 뉴스만 전문적으로 하는 채널을 본 적이 있지요? 홈쇼핑만을 방송하는 채널도 있고요. 이처럼 케이블 방송에는 다큐멘터리 채널, 드라마 채널, 음악 채널, 만화 채널, 스포츠 채널, 쇼핑 채널 등이 있어서 취향에 맞추어 골라 볼 수 있답니다.

　그렇다면 IPTV란 무엇일까요? IPTV란 '인터넷 프로토콜 텔레비전(Internet Protocol Television)'이란 말의 첫 글자를 딴 거예요. 가정에서 사용하는 초고속 인터넷을 이용해 방송을 제공하는 서비스지요. 컴퓨터 모니터 대신 텔레비전 화면을 이용하고, 마우스 대신 리모컨을 사용한다는 것이 기존의 인터넷 방송과 다른 점이에요.

　IPTV는 기존의 지상파 방송이나 케이블 방송과는 달리 편리한 점이 많아요. 예전에는 자기가 보고 싶은 방송을 보려면 그 프로그램이 시작할 때까지 텔레비전 앞에서 기다려야 했지요? 하지만 IPTV는 내가 원하는 시간에 보고 싶은 프로그램을 볼 수 있어요. 또 컴퓨터에 익숙하지 않은 사람이라 하더라도 리모컨으로 간단하게 인터넷 검색, 영화 감상, 홈쇼핑, 홈뱅킹, 온라인 게임, 음악 감상 등을 할 수 있지요.

마지막으로 대표적인 온라인 미디어인 인터넷을 빼놓을 수가 없네요. 인터넷은 우리 생활 속에 이미 너무나 깊숙하게 들어와 있어요. 마치 배고플 때 음식을 찾듯이 궁금할 때 원하는 정보를 무엇이든 찾아볼 수 있는 편리한 미디어지요.

여러 미디어를 결합한 스마트 미디어

스마트 미디어는 '똑똑하다'라는 뜻의 스마트(smart)라는 말 그대로 '똑똑한 미디어'라는 뜻이에요. 미디어가 어떻게 똑똑하다는 것일까요? 흔히 '미디어'라고 하면 텔레비전이나 라디오처럼 기능이 단순하다고 생각하지요. 그러나 스마트 미디어는 기존의 미디어가 할 수 없던 기능을 많이 가지고 있어요.

대표적인 것이 스마트폰이에요. 스마트폰은 전화를 하는 것 말고도 매우 다양한 일을 할 수 있어요. 휴대 전화, 디지털 카메라, 개인용 컴퓨터, 책, 신문, 잡지, 텔레비전, 라디오, 인터넷 등 여러 가지 미디어가 하나의 기기 안에 합쳐졌다고 할 수 있지요. 스마트폰의 등장으로 이렇게 각각의 미디어를 일일이 구분하는 것조차 의미가 없어졌어요. 지금까지 세상에 있던 모든 미디어를 하나로 합친 것과 비슷하니까요.

스마트 미디어는 주인이 시키는 대로 똑똑하게 일을 처리해 주는 비서라고 할 수도 있어요. 전화를 걸고, 문자 메시지를 주고받고, 필요하면 사진이나 동영상을 촬영해 첨부할 수도 있으니까요. 소셜 미디어 이용자라면 자신의 계정에 사진과 동영상을 올려 많은 사람들이 볼 수 있도록 공개도 할 수 있지요. 동영상을 촬영해서 유튜브에 곧바로 올릴 수도 있고요. 신문과 잡지, 전자책을 읽을 때는 터치 스크린으로 자유롭게 글씨를 키우거나 페이지를 넘길 수 있어요. 기기 하나로 라디오를 듣거나 텔레비전을 보는 것은 물론이고, 개인용 컴퓨터로 할 수 있는 모든 일까지 할 수 있다니 과연 '똑똑한' 미디어임에 틀림없지요?

이제는 책상 위에 놓인 개인용 컴퓨터 대신 스마트폰으로 업무를 처리하는 사람도 많아요. 회사에 출근해서는 스마트폰에 모니터를 연결해 업무를 저리할 수도 있지요. 스마트 미디어의 등장으로 개인용 컴퓨터의 시대가 끝나 가고 있다고 말해도 될 것 같네요.

사람들은 왜 미디어를 좋아할까요?

요즘은 거리에 나가 보면 스마트폰을 만지작거리고 있는 사람들을 자주 볼 수 있어요. 스마트폰이 그저 전화할 때만 필요한 것이 아니라 보고, 듣고, 이야기를 나누는 즐거움을 주는 종합 미디어이기 때문이지요.

미디어의 가장 큰 매력은 어디를 가든 미디어만 있으면 바깥 세계와 계속 연결될 수 있다는 점이에요. 그런 의미에서 미디어는 사람들과 세상을 이어 주는 끈 역할을 하지요. 바로 그런 점 때문에 사람들은 미디어를 통해 심리적인 안정감을 갖고 때로는 행복을 느낀답니다.

뿐만 아니라 미디어는 교육에서도 빼놓을 수 없는 중요한 기능을 해요. 책, 신문, 잡지를 손쉽게 저렴한 비용으로 받아 볼 수 있고, 무료 동영상 강좌로 부족한 공부를 보충할 수도 있어요. 한번 생각해 보세요. 책이나 신문, 잡지를 하나도 읽지 않고 인터넷도 하지 않는다면 어떨까요? 우리 사회가 어떻게 돌아가고 있는지, 세계에서 어떤 일들이 일어나고 있는지 전혀 알 수 없을 거예요.

텔레비전의 뉴스, 다큐멘터리와 같은 보도·시사·교양 프로그램은 우리가 직접 체험할 수 없는 다양한 주제를 생생한 영상으로 실감나게 보여 주지요. 그래서 텔레비전을 '세계를 보는 창'이라고 표현하기도 해요. 텔레비전이 많은 문제점을 가지고 있는 것은 사실이지만, 텔레비전이라는 창을 통해서 세계를 보는 시야를 넓힐 수 있는 것도 역시 사실이랍니다.

또 미디어는 현대를 살아가는 우리의 여가 생활에 가장 중요한

역할을 해요. 현대인들은 하루 평균 2시간 30분 이상 텔레비전을 본다고 해요. 드라마·쇼·오락 프로그램을 보며 함께 웃고 즐기면서 스트레스를 풀지요. 텔레비전을 켜 두면 집 안이 왁자지껄해서 외로움을 달래 주기도 해요. 심지어는 텔레비전을 보든 안 보든 켜 놓고 있어야 "집에 사람이 사는 것 같다."라고 말하는 사람이 있을 정도예요.

이 외에도 인터넷, 스마트폰 등 나날이 다양해지고 발전하는 미디어 덕택에 우리는 풍부한 정보 속에서 편리한 삶을 살아갈 수 있어요. 미디어가 없으면 불편해지는 시대가 되어 버렸답니다.

하지만 미디어가 꼭 좋은 점만 있는 것은 아니에요. 미디어는 종종 사람들을 유혹할 때도 많답니다. 특히 텔레비전은 화려한 볼거리로 사람들의 시선을 끌려고 노력하지요. 우리가 재미있게 보는 드라마·쇼·오락 프로그램의 제작자들은 어떻게든 자꾸 방송을 보고 싶어지도록 만들어서 시청률을 높이려고 해요. 앞에서 설명한 것처럼 그렇게 해야 기업들에게 광고료를 많이 받아 수익을 올릴 수 있거든요. 그렇기 때문에 별 생각 없이 텔레비전을 보는 사이에 자신도 모르게 소중한 시간을 낭비하게 된답니다. 이러한 행동이 결국 방송사에게 돈을 벌어 주고 있는 것은 아닌지도 곰곰이 생각해 보아야 하지요.

혹시 여러분은 이미 미디어에 중독되어 버린 것은 아닌가요? 내일이 시험인데도 텔레비전에서 눈을 떼지 못한다거나, 스마트폰으로 친구와 채팅을 계속한 적은 없나요? 또 늦게까지 게임을 하느라고 아침에 늦잠을 잔 적은요?

물론 현대 사회에서 무조건 미디어를 멀리할 수는 없어요. 미디어를 통해 우리가 얻을 수 있는 좋은 점도 많거든요. 결론은 미디어를 슬기롭고 유익하게 활용하는 지혜가 필요하다는 거예요. 아무리 미디어가 편리하고 중요하다고 해도 미디어의 주인은 역시 인간이라는 걸 잊지 마세요. 우리가 주체가 되어서 자신의 필요와 목적에 맞게 미디어를 활용하는 지혜를 갖추어야겠지요?

생각 넓히기

❶ 종이는 인류의 역사에서 미디어로서 중요한 역할을 하고 있어요. 종이가 없던 시절에는 어떤 것을 대신 사용했는지, 또 종이는 언제, 어디서, 누가 처음 만들었는지 조사해 보세요.

❷ 인쇄기가 등장하면서 중세 유럽 사회는 큰 변화를 겪었어요. 대표적인 것이 바로 종교 개혁이지요. 인쇄술의 발달이 인간의 역사에 영향을 미친 또 다른 예를 찾아보고, 친구들과 함께 이야기를 나누어 보세요.

❸ KBS, MBC, SBS 3개 지상파 방송사에서 방송하는 예능 프로그램의 수를 세어 보세요. 또 일주일 동안 예능 프로그램이 방송되는 시간이 모두 얼마나 되는지도 조사해 보세요.

❹ 미디어의 유익한 기능과 해로운 기능이 무엇일까 생각해 보세요. 어떻게 미디어를 이용하는 것이 자신의 생활에 도움이 되는지 친구들과 토론해 보세요.

3장

미디어는 어떻게 만들어질까요?

　미디어는 어떤 사람들이, 어떤 과정을 통해 만들까요? 흔히 미디어를 만드는 사람이라고 하면 방송사 프로듀서나 신문 기자를 떠올릴 거예요. 참 멋있어 보이죠? 그렇지만 미디어를 만드는 사람들이 프로듀서나 신문기자만 있는 것은 아니에요.

　앞에서 미디어가 뉴스와 정보를 전달하는 수단이라고 했지요? 이렇게 미디어 안에 담겨서 사람들이 이용할 수 있도록 전달되는 여러 형태의 뉴스나 정보를 '콘텐츠'라고 부른답니다. 예를 들면 신문이나 잡지의 기사, 라디오나 텔레비전의 방송 프로그램, 책 속의 내용들이 바로 콘텐츠이지요. 국어사전에는 콘텐츠를 "인터넷이나 컴퓨터 통신 등을 통해 제공되는 각종 정보나 그 내용물. 유·무선 전기 통신망에서 사용하기 위해 문자·부호·음성·음향·이미지·영상 등을 디지털 방식으로 제작해 처리·유통하는 각종 정보 또는 그 내용물을 통틀어 이른다."라고 되어 있어요. 좀 길고 어렵지요?

쉽게 설명하면 여러분이 생활하면서 뉴스를 보는 것, 신문을 읽는 것, 영화를 보는 것, 책을 읽는 것, 음악을 듣는 것, 동영상을 보는 것 등이 모두 '콘텐츠를 소비하는 행동'인 거예요. 할머니가 들려주는 이야기나 전래 동요도 콘텐츠라고 할 수 있지요. 사회가 발달하고 복잡해지면서 콘텐츠의 종류가 더욱 무궁무진해졌답니다. 이제 이런 콘텐츠를 만드는 사람들, 즉 미디어 분야에서 일하는 사람들에 대해 자세히 살펴보도록 해요.

미디어는 어떤 사람들이 만들까요?

미디어를 만드는 가장 대표적인 곳은 신문사와 방송사예요. 그 힘이 과거에 비해 많이 약해지기는 했지만 아직도 중요한 역할을 하고 있지요. 다만 예전보다는 방송사와 신문사, 잡지사의 수가 많아지고 다양해졌답니다.

신문·잡지

취재 기자 신문이나 잡지에 실리는 여러 가지 뉴스를 기사라고 해요. 기사는 취재 기자가 쓰지요. 취재 기자는 사건이 발생한 현장 상황을

독자들에게 빨리, 알기 쉽게 전달할 수 있게 기사를 쓰는 사람이에요. 기사는 '육하원칙'에 따라 써요. 육하원칙이란 기사를 쓸 때 '누가, 언제, 어디서, 무엇을, 어떻게, 왜'라는 여섯 가지 요소를 반드시 담아서 써야 한다는 원칙이에요.

기사를 쓰기 위해 사건의 육하원칙에 해당하는 정보를 현장에서 수집하는 활동을 '취재'라고 해요. 기자는 발로 뛰며 사건과 관련된 사람을 만나 직접 인터뷰를 하고 관련 자료와 정보를 모아 사건의 전체적인 내용을 글로 정리하지요.

뉴스의 생명은 '사건을 얼마나 빨리 보도하느냐'예요. 예를 들어 서울 시내의 한 빌딩에서 큰 불이 났다고 해 보세요. 소방관이 와서 불을 다 끈 다음에 보도하는 것은 신속성이 떨어지지요. 이 때문에 취재 기자는 신문사 안보다는 밖에서 근무하는 경우가 많아요. 사건이 일어난 현장 가까이에 있을수록 재빠르게 취재할 수 있거든요. 그래서 대부분의 기자들은 담당 부서가 정해져 있어요. 예를 들어 교육부 담당이면 교육부 전담 기자, 국방부 담당이면 국방부 전담 기자라고 하지요. 시간이 날 때는 취재에 도움이 되는 정보를 알려 줄 만한 사람('취재원'이라고 해요)들을 만나서 새로운 소식이 있는지 확인하기도 하지요.

사진 기자 사진 기자는 신문사 사진부에 소속되어 신문에 실리는 사진들을 촬영하는 기자를 말해요. 사건이 일어난 순간을 사진으로 담기 위해서는 반드시 사진 기자가 현장에 있어야 해요. 그래서 흔히 사진 기자를 '역사적 현장을 기록하는 목격자'라고 부르기도 하지요. 위험한 사고 현장, 전쟁이 한창인 곳, 인간의 발길이 닿지 않는 사막이나 밀림 지대라고 할지라도 사진이 필요하다면 그곳으로 달려가 촬영을 한답니다. 사진 기자에게 가장 중요한 능력은 현장에서 취재할 주제를 순발력 있게 사진으로 표현하는 일이에요. 때로는 긴 기사보다 한 장의 사진이 독자에게 큰 감동을 주거든요.

예를 들면 우리나라에서 1987년 군사독재에 맞서 6월 항쟁이 일어났을 때 로이터 통신의 사진 기자가 찍은 사진 한 컷이 큰 역할을 한 적이 있어요. 당시 대학생이던 이한열 군이 경찰이 쏜 최루탄을 맞고 피를 흘리며 쓰러지는 순간을 사진으로 포착한 거예요. 안타깝게도 이한열 군은 꽃다운 목숨을 잃었지만, 신문에 실린 이 한 장의 사진으로 인해 민주화를 요구하는 국민들의 목소리가 더욱 거세졌고, 마침내 대통령을 국민의 손으로 직접 뽑는 직선제가 실시되었답니다.

이처럼 사진 기자는 최대한 빨리 현장에 도착해 사건의 핵심을 정확하게 찾아내 촬영할 수 있는 능력을 갖추어야 해요. 그러기 위해서는 평소에 시사 문제에 대해 관심을 가지고 관련 지식을 쌓아 두어야 한답니다. 또 사진 기자는 주로 고급 카메라와 비싼 장비를

다루기 때문에 카메라에 대한 지식과 촬영 경험이 많을수록 좋겠지요? 그리고 촬영한 사진을 마감 시간 안에 신문사로 보내야 하기 때문에 컴퓨터를 능숙하게 다룰 수 있어야 한답니다.

편집 기자 편집 기자는 취재 기자가 현장에서 보내온 기사를 받은 다음, 이것을 뉴스의 중요도에 따라 분류하고 배치하는 일을 해요. 신문의 어느 면에 실을지, 분량을 어느 정도로 할지 등의 판단을 내리고, 기사의 제목('헤드라인'이라고 해요)을 짓는 일을 하지요. 편집 기자는 대체로 한 사람이 한 면을 맡아 진행한답니다. 취재 기자가 보내온 기사를 신문 지면에 배치하고, 사진 기자가 촬영한 사진을 필요한 크기만큼 자르거나 크기를 조절해 기사와 잘 어우러지도록 해요. 기사가 눈에 잘 띄도록 제목도 정하고요.

편집 기자의 역할은 매우 중요해요. 왜냐하면 기사를 어떻게 배치하느냐, 사진 크기를 어느 정도로 하느냐, 제목을 어떻게 짓느냐에 따라 그 신문의 가치가 달라지기 때문이에요. 또 기사와 사진, 제목 등이 잘 어우러져야 독자들이 읽기 쉽고 기사가 눈에 잘 띄는 신문이 완성되지요.

흔히들 편집 기자는 신문사 안에서 근무하기 때문에 밖에서 일하는 취재 기자보다 편하다고 생각할 수 있지만, 꼭 그렇지는 않아요. 마감 시간 5분 전에 받은 기사를 읽고 순식간에 제목을 짓는 것은 그리 쉬운 일이 아니거든요. 또 지면에 배치할 구도에 따라 기사의 분량을 줄이거나 늘이는 역할도 해야 하지요.

편집 기자에게는 그날 어떤 기사를 중요한 기사로 정할 것인가를 판단하는 능력이 필요해요. 신문 지면을 보면 독자의 눈길이 가장 먼저 가는 위치가 있고, 제일 마지막에 가는 위치가 있거든요. 예를 들어 전 세계 20개국이 모여 세계 경제에 대해 의논하는 G20 정상회의 같은 중요한 기사를 가장 아래쪽에 조그맣게 배치한다면 어떨까요? 독자들은 이 기사를 별로 중요한 뉴스라고 생각하지 않겠지요? 또 동네에 도둑이 든 작은 사건을 커다랗게 앞쪽에 넣는다면 사람들은 사회에 도둑이 많아졌다고 생각하고 불안하게 여길 거예요. 이렇듯 언론의 올바른 역할에 충실하기 위해서는 편집 기자의 판단력이 매우 중요하답니다.

방송

취재 기자 텔레비전 뉴스에 등장하는 기자는 현장에서 뉴스를 취재하여 시청자에게 직접 전달하는 일을 해요. 신문의 취재 기자가 글로 기사를 쓰는 반면, 텔레비전의 취재 기자는 말로 뉴스를 전달하는 것이 큰 차이점이지요. 텔레비전 방송은 화면과 함께 진행되기 때문에 뉴스의 내용에 맞춰 어떤 화면을 내보낼지를 카메라 기자와 함께 상의해요.

우선 기자는 현장의 분위기나 주변 환경을 둘러보면서 뉴스와 관련된 건물이나 장소를 살펴요. 그리고 목격자나 사건에 관련된 사람들을 찾아서 인터뷰를 하지요. 인터뷰는 사건이 왜 일어났는지, 자신과 어떤 관계에 있는지, 피해를 입었는지 이익을 보았는지 등 뉴스의 핵심 내용을 사건과 관련된 사람들의 목소리로 생생하게 들려주는 데 의미가 있답니다. 또 뉴스에서 그래프나 그림으로 설명해야 할 부분이 있으면 그래픽 디자이너에게 요청해 두지요.

취재를 마치고 나면 화면으로 방송될 뉴스의 전체적인 내용을 기사로 정리해서 전달해요. 이 모든 과정을 카메라 기자와 함께 하지요. 텔레비전 뉴스는 대개 1분 30초 정도의 짧은 분량이기 때문에 생생한 화면과 함께 시청자가 알아듣기 쉬운 정확하고 간결한 말로 전달하는 것이 중요해요.

또 방송 기자라고 해서 외모가 뛰어날 필요는 없어요. 물론 표준어를 사용하고, 정확한 발음과 듣기 편한 목소리로 알기 쉽게 뉴스를 전달할 수 있는 능력은 꼭 필요하지요.

카메라 기자 카메라 기자는 영상 취재 기자라고도 불러요. 취재 기자와 함께 뉴스 프로그램에 방송할 화면을 촬영하는 것이 주된 일이지요. 신문의 사진 기자와 마찬가지로 각종 카메라를 비롯한 영상 장비, 조명, 마이크 등의 특성에 대해 전문적인 지식을 갖추고 있어야 해요.

사고 취재 뉴스는 현장에 얼마나 빨리 도착하여 생생한 현장 영상을 남보다 먼저 촬영하느냐가 중요해요. 한마디로 시간 다툼이지요. 또한 사건을 취재하는 뉴스는 대부분의 사람들이 화면에 찍히지 않으려고 카메라를 피하기 때문에, 최대한 설득해 관련 인물과 현장의 영상을 촬영하는 순발력과 끈기도 필요해요. 그렇다고 해서 촬영한 내용을 무턱대고 방송으로 내보낼 경우, 취재원의 인권에 피해를 줄 수도 있으므로 신중한 판단력도 있어야 해요. 또 무거운 카메라를 들고 이동해야 하기 때문에 튼튼한 체력도 필요하답니다.

방송 미디어의 종류가 많아지면서 취재 경쟁이 지나치게 심해지는 것을 막기 위해 '포토라인'이 만들어지기도 해요. 포토라인이란 많은 취재진이 한 공간에서 취재해야 할 경우, 혼란을 막기 위해 어느 범위 이상을 벗어나지 않도록 제한하는 선을 말해요. 유명 정치인이나 인기 연예인의 행사에서 주로 볼 수 있지요.

아나운서 아나운서란 뉴스 진행을 맡기도 하고, 방송 프로그램에서 사회를 보거나 생방송(스포츠 경기, 공연, 행사 등)을 중계하는 역할을 맡은 사람이에요.

이 중에서 뉴스를 진행하는 사람을 앵커라고 해요. 앵커는 기자

들이 취재하고 제작한 뉴스를 보도하고, 필요할 때는 사건 현장에 나가 있는 취재 기자와 연결하여 그곳의 상황을 시청자에게 전달하지요. 방송사에 따라서 아나운서 대신 기자가 앵커를 맡는 경우도 있어요. 뉴스 보도이기 때문에 아나운서보다는 기자가 맡는 것이 전문성을 높일 수 있다고 생각하기 때문이지요.

스포츠 캐스터는 운동 경기를 현지에서 중계하는 사람을 가리키는 말이에요. 또 날씨 정보를 보도하는 아나운서는 기상 캐스터라고 부르지요. 교양·오락 프로그램의 사회(흔히 MC라고 불러요)를 맡은 아나운서는 퀴즈 프로그램, 토론 프로그램 등을 진행하고, 방송으로 보낼 국경일 행사나 중요한 기념식 진행을 맡기도 해요. 라디오의 경우에는 아나운서가 뉴스, 시사 프로그램, 스포츠, 날씨뿐만 아니라 음악 프로그램을 진행하기도 하지요.

아나운서가 되려면 바른 우리말을 잘 알고 있어야 하고 발음이 정확해야 해요. 언어로 표현하는 능력도 풍부해야 되고요. 또한 시청자에게 사회에서 일어나는 중요한 일들을 전하는 역할인 만큼 사회, 경제, 문화 등 다양한 분야에 관심을 가지고 있어야 하지요. 시사 문제에 대한 깊은 이해력도 있어야 하고요.

방송은 시간을 엄격히 지켜야 하기 때문에 아나운서에게는 어떤 상황에서도 대처할 수 있는 순발력이 꼭 필요해요. 시청자에게 호감과 신뢰를 주는 외모와 말투도 중요하고요. 뿐만 아니라 모든 사람들과 두루 이야기를 나누어야 하는 직업인 만큼 남에 대한 배려, 사회성, 협동심 등 좋은 성품을 지니고 있어야 한답니다.

방송 작가 방송 작가는 방송 프로그램을 만드는 데 필요한 대본을 쓰거나 진행 순서를 구성하는 일을 해요. 프로그램의 종류에 따라 드라마 작가, 구성 작가, 번역 작가, 라디오 작가 등으로 나눌 수 있지요.

드라마 작가는 드라마에 출연하는 배우들이 연기를 할 수 있도록 대본을 쓰는 사람이에요. 한편 구성 작가는 교양·오락 프로그램의 내용과 진행 순서를 짜는 일을 맡지요. 예를 들어 다큐멘터리를 제작하는 구성 작가는 주제를 정하고, 촬영을 위해 자료를 수집하고, 장소를 섭외하는 일을 하지요. 또 다큐멘터리를 어떻게 구성할지 구성안을 짜고, 대본을 작성해요. 방송을 보면 출연자들이 그냥 말하는 것 같아도, 대부분은 구성 작가가 쓴 대본에 따라 이야기하는 거랍니다.

번역 작가는 외국에서 만든 영상물을 번역하는 사람이에요. 외국어를 우리말 대사로 정확하게 표현하는 일을 맡기 때문에 외국어는 물론이고 우리말 실력도 뛰어나야 하지요. 라디오 작가는 라디오 프로그램의 기획에 참여하고 대본을 쓰는 일을 주로 맡아요. 프로그램에 따라 출연자를 섭외하고, 청취자와 전화 연결을 하기도 하고, 어떤 음악을 틀지 결정하지요. 음악을 좋아하고 청취자에게 감동을 주는 일에 보람을 느끼는 사람들이지요.

방송 작가는 무엇보다 창의성이 뛰어나야 해요. 사람들의 관심을 끄는 일이 무엇인지 고민하고, 이를 통해 사람들을 울리고 웃기고 때로는 가슴 아프게 하는 이야기를 만들어 내야 하니까요. 글쓰기를 잘한다면 방송 작가의 꿈을 키워도 좋을 거예요. 또 프로그램 출연진이나 제작진과 호흡을 맞추며 프로그램이 끝날 때까지 함께하는 책임감도 필요하지요.

프로듀서와 연출가 프로듀서는 어떤 프로그램을 만들지 기획하고 제작을 책임지는 사람이에요. 흔히 프로듀서를 줄여서 피디(PD)라고 부르지요. 프로그램 제작에는 많은 돈이 들어가기 때문에 프로듀서는 프로그램을 제작하기 전에 방송 작가가 쓴 작품을 가지고 어떤 배우를 출연시킬 것인지, 어떻게 촬영할 것인지 등을 고민해요. 이런 것들이 확정되면 실제 제작에 드는 예산을 세우고 촬영을 진행하지요. 말하자면 프로듀서는 프로그램의 총 관리자인 셈이에요.

실제로 프로그램을 제작하기 위해서는 영상을 만드는 일이 가장 중요해요. 방송 작가가 쓴 대본을 바탕으로 화면을 만들어 가는 역할을 하는 사람을 연출가 또는 감독이라고 하지요. 우리나라에서는 연출가도 흔히 피디라고 부르는데, 이 두 가지 역할에는 차이가 분명히 있답니다.

예를 들면 드라마 연출가는 배우에게 어떻게 연기할 것인지 주문하고, 카메라 감독에게 어떤 화면이 되도록 촬영해야 하는지 지시해요. 그 외에도 여러 제작진들의 역할을 각각 분담시키는 등 총지휘를 해요. 영화로 비유하면 영화감독에 해당하지요.

카메라 감독 카메라 감독이란 뉴스를 취재하는 카메라 기자 이외에 방송 프로그램 제작에 필요한 촬영을 맡은 사람을 전부 가리키는 말이에요. 스튜디오에서 녹화할 때도 있고 야외 촬영을 할 경우도 있지요. 촬영을 할 때는 연출가의 의도를 최대한 반영해 아름답고 훌륭한 영상이 만들어지도록 노력한답니다.

또 연출가와 의논해 보다 멋진 영상이 나올 수 있도록 조명을 결정하고 감독해요. 어떤 렌즈를 쓸 것인지, 카메라의 움직임은 어떻게 할지 결정하고요. 한마디로 프로그램의 예술성을 완성하는 사람이에요. 영화로 말하자면, 촬영 감독과 같은 역할이지요.

기술 감독 방송 프로그램은 여러 가지 첨단 장비를

사용하기 때문에 기계를 다루고 관리하는 사람이 많이 필요해요. 기술 감독은 연출가의 지시에 따라 프로그램을 제작하는 조정실에서 여러 가지 전문 장비를 다루지요. 또 프로그램 제작에 꼭 필요한 음향, 영상, 오디오 담당자들을 이끌고 프로그램이 잘 완성되도록 하는 역할을 맡고 있어요.

미디어를 만드는 사명감은 왜 필요할까요?

스마트폰이 등장하면서부터 우리는 장소에 상관없이 모든 미디어의 콘텐츠를 자유롭게 이용할 수 있는 환경이 되었지요. 그만큼 우리 사회에서 미디어의 역할이 더욱 중요해졌다고 할 수 있어요.

그런데 곰곰이 생각해 보면 미디어에 담기는 뉴스나 정보, 방송 프로그램 등은 신문사 또는 방송사라고 하는 몇몇 기관에 소속된 소수의 사람들에 의해 만들어진다는 사실을 알 수 있어요. 이와 반대로 미디어를 이용하는 일반인들은 전 국민이라고 할 수 있을 정도로 어마어마하게 많지요. 이렇게 소수의 사람들이 만들어 내는 미디어의 내용이 정치, 경제, 문화, 예술 등 우리 사회의 다양한 분야에서 수많은 사람들의 생각에 영향을 미치고, 여론을 만들고, 사회가 나아가는 방향을 결정할 수도 있다니 미디어의 위력은 참으로 대단하지요.

그렇기 때문에 미디어를 제작하는 사람들은 미디어의 위력을 정확하게 깨닫고 그 힘을 함부로 사용하지 않도록 노력해야 해요. 그러기 위해서는 우리 사회가 올바른 방향으로 발전할 수 있도록 콘텐츠를 만들어 내야 한다는 사명감을 꼭 가지고 있어야 하지요.

객관적이고 공정하게

미디어를 만드는 사람들의 자세가 중요한 이유는 바로 이들이 충실하게 제 역할을 해야 건강하고 건전한 민주주의 사회를 지킬 수 있기 때문이에요. 뉴스를 보도하는 언론이라면 객관적이고 공정하게 보도하는 자세를 잃지 말아야 해요. 얼핏 듣기에는 쉬운 일인 것 같지만, 실제로 모든 일에 객관적이고 공정한 태도를 취하기란 매우 어려운 일이에요. 사람은 누구나 자신이 자란 환경이나 가치관에 따라 편견을 가질 수 있거든요. 하지만 편견을 가진 눈으로 뉴스를 취재하고 보도한다면 그 언론은 객관성과 공정성을 잃어버릴 수 있지요.

예를 들어 노동자들이 정부의 정책에 반대해 서울광장에서 집회를 열었다고 생각해 보세요. 이를 취재하기 위해 기자가 현장에 나갔더니 노동자들은 근무 환경 개선과 임금 인상을 요구하고 있고, 정부는 집회가 더 커지는 것을 막기 위해 경찰을 배치한 상황이에요. 이때 우리가 상상할 수 있는 몇 가지 뉴스를 볼까요?

첫 번째는 기자가 노동자의 주장을 인터뷰하고 가족들의 어려운 처지와 열악한 노동 환경을 취재해서 보도하는 거예요. 두 번째는 몇몇 노동자들이 경찰과 몸싸움을 하면서 폭력 사태가 생기자, 노동자들이 경찰에게 돌을 던지거나 근처의 시설물을 부수는 장면을 보도하는 거예요. 세 번째는 경찰이 노동자의 집회를 막고 서로 맞서는 과정에서 노동자들을 폭행하는 장면을 취재해서 보도하는 거예요.

자, 그렇다면 시청자들은 이 세 가지 뉴스를 보고 각각 어떤 생각을 하게 될까요? 첫 번째 뉴스를 보는 시청자는 "노동자들이 일하는 근로 환경이 정말 나쁘구나. 개선할 수 있는 정책이 필요하겠다."라고 생각할 거예요. 두 번째 뉴스를 보는 시청자는 "노동자들이 광장에 나와서 정부에 항의하느라고 여러 시민들을 불편하게 하는구나."라고 느끼겠지요. 세 번째 뉴스를 보는 시청자라면 "국민을 지켜야 할 경찰이 도리어 국민에게 폭행을 하다니 있을 수 없는 일이야."라는 생각을 할 거예요.

이 세 가지 다른 뉴스를 보는 시청자들은 노동자의 서울광장 집회라는 하나의 사실을 두고 서로 다른 느낌을 받을 수밖에 없어요. 그리고 이것에 따라 여론이 만들어지게 되는 거지요. 그렇기 때문에 언론이 어떻게 보도하느냐는 굉장히 중요한 문제랍니다.

이제 미디어를 만드는 사람들이 왜 객관적이고 공정하게 보도하는 것이 중요하다고 하는지 잘 알겠지요? 자칫하면 여론이 나뉘어 국민들이 정부를 믿지 못하고 나라가 혼란스러워지는 상황이 될 수도 있거든요.

정확하고 바른 미디어

그렇다면 다큐멘터리와 같은 교양 프로그램, 드라마, 스포츠, 쇼·오락 프로그램들을 만드는 사람들은 책임감을 느끼지 않아도 될까요? 그건 아니에요. 미디어의 역할은 뉴스 보도뿐만이 아니거든요. 미디어는 국민의 여가 생활과 함께한다고 해도 지나치지 않을 정도로 매우 다양하게 만들어지고 있어요.

예를 들어 사실을 바탕으로 만드는 다큐멘터리가 영상을 거짓으로 꾸몄다면 어떨까요? 고발 프로그램에서 제보자의 말만 믿고 방송을 해 버리면 피해를 입는 사람들이 많을 거예요. 또 드라마라면 우리 사회의 건전한 가치관을 바탕으로 즐거움을 주는지, 쇼·오락 프로그램이라면 지나치게 선정적인 영상으로 어린이와 청소년들을 자극하지 않는지도 중요하겠지요. 스포츠 프로그램을 만드는 사람이라면 시청자들이 꼭 봐야 할 스포츠 경기를 빠뜨리지 않고 중계방송을 해 주는지 염두에 두어야 하고요. 이렇게 미디어 스스로가 본래의 역할에 충실하도록 끊임없이 노력하고 실천하는 자세가 필요하답니다.

　아래는 한국 신문 윤리위원회에서 제정한 신문 윤리 강령이에요. '강령'이란 어떤 조직이나 기관의 기본적인 정책과 방침을 간략하게 설명한 것을 말하는데, 이 내용을 보면 언론의 역할이 무엇인지 잘 나타나 있어요. 신문사와 방송사들도 각자 강령을 제정하고 이를 실천하게끔 하고 있답니다.

신문 윤리 강령

제1조 언론의 자유
우리 언론인은 언론의 자유가 국민의 알 권리를 실현하기 위한 으뜸가는 가치임을 깊이 인식하고 대내외적인 모든 침해, 압력, 제한으로부터 이 자유를 지킬 것을 다짐한다.

제2조 언론의 책임
우리 언론인은 언론이 사회의 공기로서 막중한 책임을 지고 있다고 믿는다. 이에 다양한 여론을 형성하고 국민의 기본권을 보호, 신장하기 위해 적극적으로 노력한다. 또한 공공복지 증진, 민족 화합, 문화 창달 등을 위해 전력을 다할 것을 다짐한다.

제3조 언론의 독립
우리 언론인은 언론이 정치, 경제, 사회, 종교 등 외부 세력으로부터 독립된 자주성을 갖고 있음을 천명한다. 우리는 언론에 대한 일체의 간섭과 부당한 이용을 단호히 거부할 것을 다짐한다.

제4조 보도와 평론
우리 언론인은 사실의 전모를 정확하고, 객관적이고, 공정하게 보도함으로써 진실을 추구할 것을 다짐한다. 또한 공정하고 바르게 평론하며, 사회의 의견을 폭넓게 수용해 다양한 여론 형성에 기여할 것을 결의한다.

제5조 명예 존중과 사생활 보호
우리 언론인은 개인 또는 단체의 명예나 신용을 훼손하지 않고 사생활을 침해하지 않을 것을 다짐한다.

제6조 반론권과 독자의 권리 존중
우리 언론인은 개인 또는 단체의 권리를 존중하고 독자에게 반론 등 의견 개진의 기회를 주며 이를 기사에 반영하도록 노력한다.

제7조 언론인의 품위
우리 언론인은 사회적 기대에 조응하는 높은 도덕성과 긍지, 품위를 지녀야 한다. 우리는 전문성과 소명의식을 갖추고 언론 본연의 역할에 충실해야 한다. 또한 바르고 고운 언어생활을 이끌어 품격 있는 사회를 구현하는 데 앞장서야 한다.

미디어를 나쁘게 활용하는 사람들도 있을까요?

수많은 사람들이 미디어를 이용하다 보니 이를 나쁘게 사용하는 사람들도 생겨나게 되었답니다. 텔레비전에 한 번 나오면 쉽게 사람들의 눈길을 끌 수 있다는 점을 이용해서 자기 회사의 제품을 홍보하기도 하고 자신의 이름을 알리기도 하지요. 이것을 학문적인 용어로 '미디어가 사람들을 설득한다.'라고 말한답니다.

이것은 미디어가 알려 주는 내용은 모두 믿을 만하다라는 생각을 갖는 것을 말해요. 물론 미디어를 적절히 홍보에 활용하는 것은 괜찮지만, 사실이 아닌 것을 사실인 것처럼 믿게 하는 것이 문제이지요. 미디어를 통해 언론은 "우리 신문사의 보도를 믿어 주세요.", 기업은 "우리 회사의 상품을 사 주세요. 우리 회사는 이렇게 좋은 일을 하고 있어요."라고 외치지요. 또 정치인은 미디어를 통해서 "내 공약을 믿어 주세요, 나를 뽑아 주세요."라고 주장하기도 하고요.

그래서 콘텐츠를 만드는 사람들은 언제나 다른 사람들의 심리를 파악해서 사람들을 보다 효과적으로 설득할 수 있는 방법을 찾으려고 애쓰지요. 가장 대표적인 것이 선전 기법이에요. 자신에게 유리한 쪽으로 어떤 명분이나 주장을 강조하거나 과장해 상대방의 태도를 바꾸게 하는 거예요.

특히 역사적으로 큰 전쟁이 있었던 시기에는 미디어가 총동원되어 국민들에게 전쟁이 왜 필요한지를 홍보하고 전쟁에 참가하도록 권했답니다. 그래서 다른 민족의 생명을 빼앗는 것을 정당화하는 경우가 많았지요. 이런 경우 대개는 "정의의 이름으로…….", "민주주의를 위하여……."라는 식으로 왜곡되고 허황된 이유를 붙이곤 했어요.

그러면 선전에는 어떤 기법들이 있는지 간단히 살펴보도록 해요.

매도하기 기법

'매도'란 심하게 욕하고 꾸짖는다는 뜻이에요. 매도하기 기법이란 상대방에게 부정적이고 나쁜 이름을 붙여서 그 말을 듣는 사람들에게 아주 나쁜 인상을 주게 하는 방법이에요. 상대방보다 자신이 더 좋은 사람인 것처럼 보이게 하는 효과를 노리는 거지요.

이러한 예는 주로 정치 선거에서 찾을 수 있어요. 상대방 후보를 '거짓말쟁이'라고 주장하며 자신을 찍어 달라고 하지요. 또 상품 광고에서는 다른 회사 제품의 결점을 크게 알려 자기 회사 제품이 우수하다는 것을 간접적으로 드러내는 경우도 있답니다.

미사여구 기법

'미사여구'란 아름다운 말로 듣기 좋게 꾸민 글귀라는 뜻이에요. 실제로는 그렇지 않지만 달콤한 말로 보기 좋게 치장하는 것이죠. 선전에서 사용되는 미사여구 기법도 마찬가지로 자기 회사의 상품이나 서비스를 온갖 화려한 말로 치장하는 거예요.

좋은 말을 늘어놓았다고 사람들이 반드시 그것을 인정하는 것은 아니지만, 스스로 고상하고 품격 있고 싶어 하는 욕구에서 나오는 것이지요. 예를 들어 어떤 기업에서 신상품을 개발한 다음 '우리는 기술 혁신의 선구자'라는 말을 붙이거나 '수출 영웅 ○○기업' 같은 말을 쓰는 경우랍니다.

권위 표시 기법

권위 표시란 사람들이 일반적으로 존경심을 가지고 있고 권위가 있다고 생각하는 말들을 붙여서 좋은 느낌을 갖도록 유도하는 기법이에요. 예를 들어 자유를 중요시 여기는 미국에서는 상표나 상호에 자유를 뜻하는 '리버티(liberty)'라는 단어가 굉장히 자주 사용돼요. '리버티 여행사', '리버티 은행', '리버티 부동산'처럼 이름을 짓는 거지요. 그러면 사람들은 "저 회사는 신뢰할 수 있는 곳이구나."라는 생각을 하지요. 우리나라는 '대한', '충무', '세종' 등과 같은 낱말이 권위를 표시하는 데 자주 쓰이지요.

증언 기법

증언이란 어떤 상품이나 서비스를 직접 이용해 본 사람이나 사회적으로 존경받는 위치에 있는 사람을 등장시켜서 사람들에게 호감을 갖게 하는 기법이에요.

특히 아주 유명한 연예인이 등장해서 "이 상품을 써 보니까 참 좋아요."라고 말하거나, 일반 소비자들이 "사용해 봤는데 꼭 필요해요."라고 말하는 경우지요. 이 광고를 본 사람이라면 자연스럽게 "저 사람이 좋다고 하는 걸 보니 정말 좋은가 보네. 나도 사서 써 봐야지."라는 생각이 들게 되지요.

보통사람 기법

선거철이 되면 후보자들이 빠짐없이 하는 것이 있어요. 바로 농촌에 가서 모내기하는 장면, 시장에 가서 서민처럼 옷을 입고 상인들과 악수를 하는 장면을 연출하는 것이지요. 이런 일들은 선거에서 표를 얻을 목적으로 사람들의 마음을 얻기 위해 "나도 여러분과 같은 보통사람입니다."라는 인상을 주려고 하는 거랍니다. 유권자들은 "저렇게 나와 비슷한 후보라면 우리를 위해 일해 주겠지."라는 생각으로 표를 찍어 줄 수도 있으니까요.

부화뇌동 기법

'부화뇌동'이란 자기 생각이나 주장 없이 남의 의견에 동조한다는 뜻의 사자성어예요. 선전에서 부화뇌동 기법은 "사람들이 모두 우리 상품을 사용하고 있으니까 당신도 그렇게 하세요."라는 메시지를 주는 것이지요. 그렇게 하지 않으면 마치 자기만 외톨이거나 뭘 몰라서 불이익을 당하는 듯한 생각이 들도록 말이에요.

이 기법은 많은 사람들이 있는 쪽에 자신도 같이 있으면 심리적으로 안정감을 느끼는 점을 이용해요. 모두가 다 사용하는 물건을 자기만 안 쓴다고 생각하면 왠지 바보가 된 느낌이 들 수도 있으니까요. 예를 들어 '대한민국 국민의 선택 ○○', '20대라면 꼭 사용해야 할 ○○상품' 등과 같은 표현이 바로 부화뇌동의 기법이지요.

선택적 왜곡 기법

선택적 왜곡이란 어떤 사람 또는 사안에 대해 가장 내세우고 싶은 부분만을 강조해서 전체를 멋지게 보이게 하는 기법이에요. 예고편만 보고 영화를 보러 갔다가 실망한 경험이 있지요? 이렇게 전체를 제대로 보여 주는 것이 아니라, 한 부분만을 강조해서 보여 주는 거예요. 한 예로 독일의 독재자 히틀러는 늘 '위대한 조국을 위해 죽는 영광'만을 강조하여 전쟁을 멋지게 포장했어요. 전쟁에서 목숨을 잃는 사람들의 처참함은 드러내지 않았던 것이지요.

만약 점심시간을 1시간 30분으로 늘리면 여러 가지 좋은 점과 나쁜 점이 있다고 할 때, 나쁜 점은 쏙 빼고 좋은 점 한두 개만 들어서 친구들을 설득한다면 그것이 바로 선택적 왜곡이에요. 점심시간이 늘어나면 축구를 오래 할 수도 있지만, 집에 돌아가는 시간이 30분이나 늦어지고 축구를 너무 오래 하면 지쳐서 오후 수업에 지장이 있을 거라는 나쁜 점도 알려야만 하지요.

미디어와 민주주의는 어떤 관계가 있을까요?

과거에는 그리 중요하지 않았던 미디어의 중요성이 최근에 와서 왜 점점 강조되고 있는 것일까요? 그것은 미디어가 민주주의를 실현하는 데 없어서는 안 되는 소통의 도구이기 때문이에요.

로마의 광장에 붙였던 벽보, 중세 시대에 발명된 활자 인쇄기, 신문과 텔레비전 같은 대중매체, 인터넷 등 지금까지 인류가 발명한 미디어는 모두 소통을 위한 것이었고, 이러한 미디어를 통해서 민주주의가 퍼져 나가고 발전해 올 수 있었어요. 왜냐하면 미디어가 인간의 기본권인 표현의 자유를 실천할 수 있도록 국민의 입과 귀가 되었기 때문이에요. 표현의 자유를 좀 더 넓은 의미로 말하면 '언론의 자유', '출판의 자유'라고 할 수 있지요.

그래서 우리나라에서는 언론과 출판의 자유를 헌법에서 보장하고 있어요. 언론과 출판의 자유는 민주 정치를 위해 꼭 필요한 것이랍니다. 이러한 자유가 처음부터 보장되었던 것은 아니에요. 아주 오래전에는 언론의 자유가 없었어요. 자기가 생각한 대로 말을 하거나 자신의 생각을 글로 써서 거리에 붙였다가는 잡혀 가거나 매를 맞았어요. 심하면 목숨을 잃기도 했지요.

그렇다면 언제부터 언론의 자유가 생겼을까요? 역사적으로 살펴보면 1689년 영국에서 권리장전이 만들어지면서 언론의 자유를 조금씩 보장하기 시작했어요. 그 후 1776년 미국의 버지니아 헌법, 1789년 미국 헌법에서도 언론의 자유는 어떠한 법률로도 제한할 수 없는 절대적 자유로 보장되었지요. 1789년 프랑스 인권 선언에서는 "사상 및 의견의 자유로운 교환은 인간의 가장 귀중한 권리의 하나다."라고 선언했고요. 언론의 자유가 없다면 사람은 자유가 없는 거나 마찬가지예요. 그래서 세계 각국은 이와 같은 내용의 조항을 헌법에 포함시키고 있답니다.

오늘날에는 신문·잡지·라디오·텔레비전·인터넷과 같은 미디어가 중요한 언론이 되었고, 여기에는 보도의 자유도 포함되어 있어요. 또 보도의 자유 속에는 국민의 '알 권리'와 미디어의 '알릴 권리'도 포함된답니다. 알 권리란 국민 개개인이 정치적·사회적 현실에 대한 정보를 자유롭게 알 수 있는 권리, 또는 이러한 정보에 대

대한민국 헌법 제21조

① 모든 국민은 언론·출판의 자유와 집회·결사의 자유를 가진다.
② 언론·출판에 대한 허가나 검열과 집회·결사에 대한 허가는 인정되지 아니한다.
③ 통신·방송의 시설기준과 신문의 기능을 보장하기 위하여 필요한 사항은 법률로 정한다.
④ 언론·출판은 타인의 명예나 권리 또는 공중도덕이나 사회 윤리를 침해하여서는 아니된다. 언론·출판이 타인의 명예나 권리를 침해한 때에는 피해자는 이에 대한 피해의 배상을 청구할 수 있다.

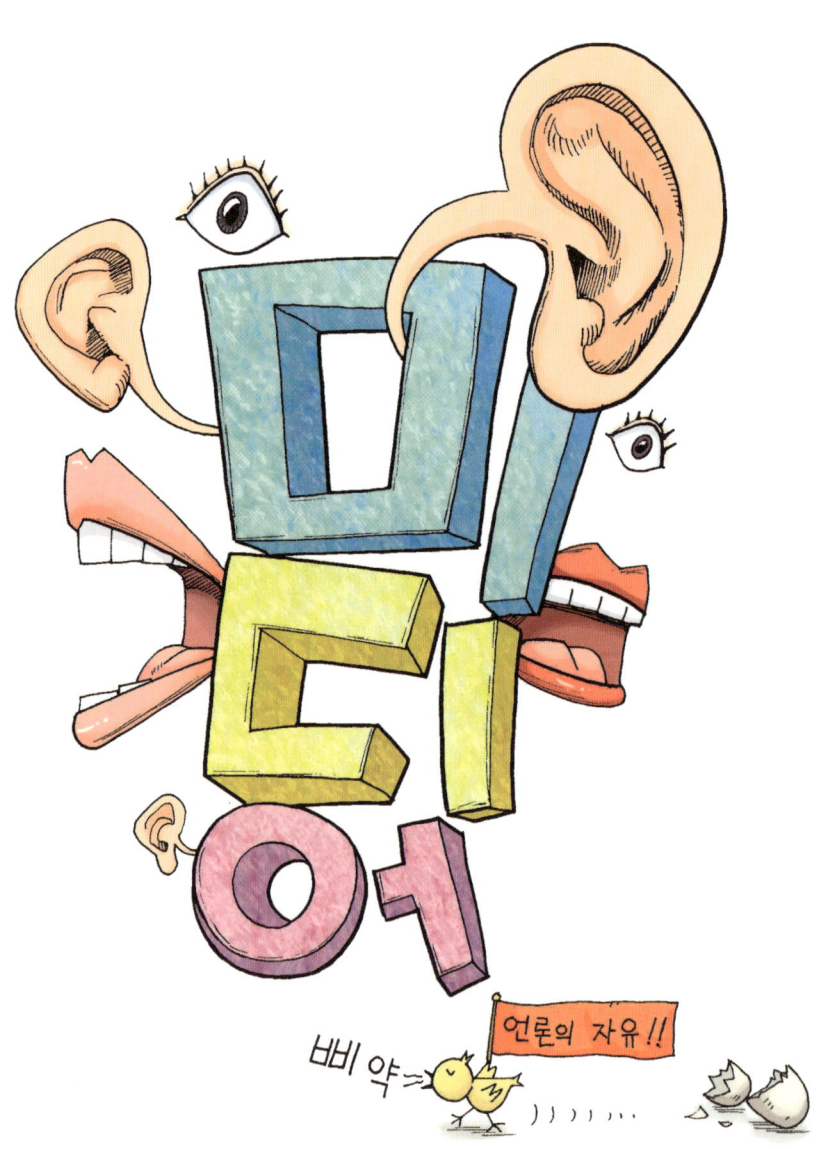

해 접근할 수 있는 권리를 말해요.

알 권리와 알릴 권리는 국민의 대표를 선출해 나라를 운영하는 대의 민주주의 제도가 정착되면서 언론이 국민과 정부 사이에서 정보를 정확하게 전하고 여론을 올바르게 수렴하는 일에 충실하라고 보장하는 중요한 제도적 장치라고 볼 수 있어요.

그러므로 언론과 출판의 자유를 바꾸어 말하면 권력을 가진 기관이 미디어에 실릴 내용이나 형식을 검열하지 않는다는 것을 뜻해요. 만약 누군가가 신문이나 방송을 미리 살펴보고 보도해도 된다, 안 된다를 결정한다면 그것은 진정한 자유가 아니겠지요.

하지만 한편으로는 다른 쪽도 살펴봐야 해요. 언론과 출판의 자유가 민주주의 정치에서 꼭 필요한 것이라고 해도 아무 제한이나 규칙 없이 무조건 그대로 둔다면 곤란한 일도 발생할 수 있어요. 아무리 자유롭다고 해도 다른 사람의 명예와 권리를 침해하거나 공중도덕과 사회 윤리를 훼손해서 안 되거든요. 그래서 국가는 국가의 안전 보장과 질서 유지, 공공복리를 위하여 필요한 때에는 법률로써 자유를 제한할 수 있도록 헌법에 규정하고 있답니다. 자유가 있다고 해서 남에게 피해를 주거나 사회 질서를 어지럽힌다면 우리 사회는 자유가 없을 때보다 더 혼란스러워질 테니까요.

생각 넓히기

❶ 이번 주에 학교에서 일어난 중요한 일을 신문 기사나 방송 뉴스 기사처럼 작성해 보세요. 기사를 쓸 때는 육하원칙에 따라 사실을 정리하고 관련된 사람들의 인터뷰를 인용해 보세요. 또 기사 내용에 관련된 사진도 직접 찍어 보세요.

❷ 미디어 분야에서 콘텐츠를 만드는 일을 하는 사람들이 가져야 할 자세로는 어떤 것들이 있을까요?

❸ 신문이나 방송 광고에는 상대방을 깎아내리는 매도하기 기법, 자신들의 상품과는 전혀 상관없는 권위 있는 말을 사용해서 신뢰감을 주려고 하는 권위 표시 기법 등 여러 가지 선전 기법이 사용돼요. 앞에서 살펴본 선전의 일곱 가지 기법에 해당하는 사례를 찾아보세요.

❹ 북한에는 국가에서 발행하는 <로동신문>만 있다고 해요. 우리나라와 비교할 때 북한은 어떤 점에서 언론의 자유가 제한된 나라라고 볼 수 있을까요? 또 북한은 왜 언론의 자유를 제한하고 있을까요?

4장

미디어는 언제나 옳을까요?

　앞에서 우리는 미디어의 콘텐츠를 만드는 사람들과 그들의 책임을 알아보고, 미디어가 바람직하지 않은 방법으로 사람들을 설득하는 수단으로 이용될 가능성이 있다는 사실을 살펴보았어요. 바로 이러한 점 때문에 미디어에서 하는 말을 그대로 믿기보다는 "왜 저런 내용이 신문에 실렸을까?", "왜 이런 프로그램이 방송되는 걸까?", "이 미디어는 어떤 의도로 이런 내용을 전달하는 걸까?", "나는 여기서 무엇을 배우고 얻을 수 있을까?"와 같은 의문을 가지면서 미디어를 바라보는 것이 중요해요. 미디어를 이용하는 주체는 바로 나 자신이기 때문이지요.

　우리는 사람을 대할 때 겉으로 드러난 면뿐 아니라 마음속의 진정한 모습을 알고 싶어 해요. 그렇다면 하루 중 가족이나 친구들보다도 더 많은 시간을 나와 함께 보내는 미디어의 진정한 모습은 어떨까요? 미디어의 유쾌하고 즐거운 유혹의 뒷면에는 내가 누리는 즐거움의 대가로 나에게서 무엇인가를 가져가거나 나를 이용하려는 속셈이 담겨 있는 경우가 많답니다. 그러니까 현명한 사람이라면 미디어의 '앞모습'뿐 아니라 그 '뒷모습'까지도 정확하게 알아 두는 게 중요하지요.

언론 조작이란 무엇일까요?

언론 조작이라는 말을 들어 보았나요? 조작이란 어떤 일을 사실인 듯 꾸미는 것을 말해요. 없는 것을 있는 것처럼 지어내는 일, 또는 있는 것을 없는 것처럼 빠뜨려서 사실을 왜곡하는 것도 조작이라고 할 수 있지요. 그러면 언론 조작이란 무엇일까요? 바로 사실이 아닌 것을 사실처럼 보도하는 것이지요.

미디어를 통해서 사회에서 일어나는 사실을 알리고 여론을 만드는 중요한 기능을 하는 언론이 누군가에 의해 조작된다면 그 피해는 상상할 수 없을 만큼 크겠지요? 앞에서 살펴보았듯이 언론의 가장 중요한 역할은 정확하고 객관적이고 공정한 보도를 하는 거예요. 미디어는 우리 사회를 구성하는 다양한 계층의 목소리를 전달하는 입과 같은 역할을 하는 동시에, 그 목소리를 듣는 귀와 같은 역할도 한답니다. 그런 의미에서 언론은 모든 사회 계층에게 이로운 활동을 해야 하지요.

예를 들어 어떤 사건과 관련된 사실이 다섯 가지가 있다고 해 봐요. 그런데 언론이 이 다섯 가지를 모두 전달하지 않고 몇 가지를 일부러 빠뜨리거나, 실제보다 부풀려서 보도한다면 어떨까요? 그러면 그 보도로 인해 누군가에게 이익을 줄 수도 있고 또는 누군가가 불이익을 당할 수도 있겠지요. 이것 역시 넓은 의미에서 조작이라고 할 수 있어요.

언론은 사람들의 관심거리가 될 만한 사건이나 주제를 찾아다니는 특성이 있어요. 언론사에서 일하는 기자들은 무엇보다 사람들이 관심을 크게 가질 만한 뉴스를 싣고 싶어 하지요. 따라서 우리 사회에서 일어나는 특이하고 영향력이 큰 사건이라면 모두 뉴스가 될 수 있어요.

하지만 뉴스의 기준은 언론사마다 다르게 정할 수 있기 때문에 한 사건을 모든 언론사가 똑같이 보도하는 것은 아니랍니다. 그 사건을 보도하지 않는 언론사도 있을 수 있고, 매우 크게 다루거나 아니면 작게 다룰 수도 있어요. 같은 사건을 두고 이와 같이 언론사가 제각각 다르게 보도할 수 있기 때문에 언론이 사실을 조작한다는 비난을 받기도 하지요.

예를 들어 어떤 제과 회사가 만든 과자에서 벌레가 나왔는데, 이 과자를 먹은 어린이가 식중독을 일으켜 병원에 입원하는 사건이 생겼다고 가정해 보세요. 상황에 따라서는 매우 중요한 뉴스가 될 수 있는 사건이지요.

　A 신문은 이 사건을 사회면에서 크게 다루며 제과 공장의 위생 관리에 문제가 있고 제품을 검사하는 과정이 부실하다고 집중적으로 보도했어요. B 신문은 사회면에 이와 같은 사건이 있었다고만 짧게 보도했어요. 한편 C 신문은 이 사건을 아예 신문에 싣지 않았지요.

　A 신문의 경우, 사회의 부정과 비리를 감시하는 역할을 수행하는 언론으로서 가장 충실한 보도를 했다고 볼 수 있어요. 신문을 통해 이 사실이 널리 알려진 덕분에, 관련자를 벌주고 제과 공장이 위생 관리와 품질 검사를 엄격하게 하도록 정부에서 조치를 내릴 수 있으니까요. 또한 어린이의 건강을 위협하는 이와 같은 사건이 발생한 것에 대해 제과 회사의 무책임함을 꼬집는 신문 사설을 쓸 수도 있겠지요.

　B 신문의 경우는 같은 사건을 두고 A 신문보다 중요하지 않은 뉴스로 작게 실었어요. 제과 회사의 홍보 담당자가 자기 회사의 이미지와 신뢰도가 떨어질 수 있으니 너무 크게 보도하지 말아 달라고 부탁했을지도 모를 일이지요. 아니면 이 사건보다는 다른 사건이 더 중요하다고 생각해서 상대적으로 중요하지 않게 다루었을 수도 있고요. 결과적으로 B 신문은 이 사건을 지면의 구석에 작게 실어서 독자들의 시선을 그다지 끌지 않도록 제과 회사의 편에 서

서 협조한 셈이 되었어요.

C 신문의 경우에는 사건을 일으킨 제과 회사가 신문사와 같은 대기업의 계열 회사이거나, C 신문에 거액의 광고료를 내는 회사라서 신문사가 그 제과 회사에 피해가 갈까 봐 일부러 기사를 싣지 않았다고 짐작해 볼 수도 있어요. 그렇지 않다면 국민의 건강에 위험을 줄 수 있는 사건이 생겼는데도 국민의 알 권리를 무시하고 기사를 싣지 않았을 리가 없을 테니까요. C 신문을 읽은 독자라면 그런 사건이 있는 줄도 모르고 넘어가게 되겠지요.

이처럼 언론이 어떻게 보도를 하느냐에 따라 사회에 미치는 영향은 큰 차이가 있답니다.

사진 조작이란 무엇일까요?

뉴스 기사에는 사진도 매우 중요한 역할을 하지요. '백문이 불여일견'이라는 말이 있듯이 긴 글보다도 사진 한 장이 더 영향력 있게 사실을 전하기 때문이에요. 그런데 요즘에는 컴퓨터로 사진 합성이나 특수 효과를 손쉽게 할 수 있어서, 사진을 꾸미는 경우가 있어요.

그러나 뉴스로 실리는 보도 사진은 합성하지 않고 촬영한 그대로 실어서 사실을 전달하는 것이 원칙이지요. 한국 사진 기자 협회 윤리 규정에도 "편향적으로 취재하거나 보도하지 않으며, 소속된 회사의 이익을 위해 의도적으로 사실을 조작하거나 취재 질서를 어지럽히지 않는다."라고 밝히고 있어요.

사진 조작은 북한이나 중국과 같은 사회주의 국가에서 종종 일어난답니다. 2011년 7월 북한의 조선중앙통신이 촬영한 대동강변 수해 사진을 예로 들 수 있어요. 이 사진을 전달받아 여러 나라의 언론사에 배포한 미국의 AP통신은 이 사진이 디지털 기술로 조작된 것으로 의심된다며 자신들의 사진을 제공받아서 보도한 언론사들에게 삭제를 요청했어요.

북한이 공개한 사진은 폭우로 완전히 물에 잠긴 대동강변 도로를 주민 일곱 명이 걸어가는 장면이었어요. 사진으로 보기에 대동강 주변이 성인의 무릎 높이 이상으로 물에 잠겨 있었지요. 그러나 수해로 침수된 도로를 걸어 다니는 주민들의 바지가 깨끗하고 물에 젖지도 않은 데다 바지에 흙탕물이 튄 부분이 없다는 것을 수상하게 생각한 AP통신은 그 사진이 사진 편집 프로그램으로 조작한 것으로 판단했답니다. 식량난이 심각한 북한에서 국제 사회의 지원을 끌어내려고 이렇게 조작한 사진을 배포한 것이라고 추측하고 있어요.

SNS 중독이란 무엇일까요?

SNS라는 단어를 자주 들어 보았지요? SNS란 '소셜 네트워크 서비스(Social Network Service)'의 첫 글자를 딴 말로, 흔히 '소셜 미디어'라고 불러요. 온라인이나 스마트폰을 이용해 다른 사람들과 자유롭게 이야기를 나누고 사귈 수 있는 서비스를 통틀어 가리키는 말이지요. SNS를 통해 사람들과 더욱 친근한 관계를 맺을 수 있고, 세계 곳곳에 있는 사람들과도 친구가 될 수 있답니다.

사람들이 자주 이용하는 SNS로는 유튜브, 틱톡, 인스타그램, 쓰레드(Thread), X(트위터의 새로운 이름), 페이스북이 유명하지요. 이제는 스마트폰으로 사진과 동영상을 찍고 편집하는 일이 마치 필기도구를 다루듯 쉽고 편리해졌어요. 그 덕택에 숏폼(short form)이라고 하는 1분 이내의 매우 짧은 동영상 콘텐츠가 SNS에서 유행하고 있어요. 숏폼은 짧은 시간에 눈길을 끄는 내용을 담아 사람들의 호응을 이끌어 내는 형식이에요. 쉽게 생산하고 쉽게 소비할 수 있는 SNS는 1인 미디어 시대를 활짝 열었다고 할 수 있어요. 누구든지 계정만 있으면 개인이 하고 싶은 이야기나 관심사를 소셜 미디어 사이트에 올려 다른 사람들에게 알리고, 다른 사람들이 올린 콘텐츠를 보거나 공유할 수 있으니까요.

SNS에 가입한 이용자들은 서로 자유롭게 다른 이용자들과 대화를 나누면서 친밀한 관계를 만들어요. 그러다 보니 의견이나 정보가 퍼지는 속도가 매우 빠르고 범위도 넓지요. 그 영향력이 오래가지는 않지만 위력은 아주 커서 이용자들의 입소문을 통해 여론으로 발전되기도 한답니다.

그러나 SNS는 언론 미디어는 아니에요. 개개인의 솔직하고 꾸

믿없는 생각들을 자유롭게 올릴 수 있지만, 매우 주관적이고 맥락이 맞지 않는 것일 수도 있고 심지어 거짓일 경우도 있어요. 따라서 SNS가 '책임 있는 미디어'인가에 대해서는 고민이 필요하답니다. 아마 아직까지는 기존의 언론 미디어에는 훨씬 못 미친다고 보는 게 적당할 듯싶어요.

SNS의 폐해는 예전에 연예인의 자살 사건을 계기로 큰 사회적인 문제로 떠올랐어요. 사람들이 정확하게 확인되지 않은 사실을 여기저기에 함부로 올리며 소문을 내는 바람에 그 연예인이 매우 큰 마음의 상처를 받았고, 안타깝게도 스스로 목숨을 끊는 일이 생겼거든요. 이처럼 잘못된 소문이 SNS에 퍼지고 언론에까지 크게 보도되면 그 사람은 아무런 해명을 할 기회도 없이 졸지에 나쁜 사람이 되어 버리지요. 자신에 대한 근거 없는 헛소문이 퍼지는 것만큼 억울하고 답답한 일은 없을 거예요. 이처럼 SNS로 인해 선의의 피해자가 생기는 일은 지금도 종종 일어나곤 해요.

더구나 SNS는 하루 24시간 이용할 수 있기 때문에 잠시라도 SNS를 하지 않으면 참지 못하는 중독 현상도 문제예요. SNS 중독은 글을 확인하지 않으면 불안해하거나 자신의 글에 아무도 댓글을 달아 주지 않으면 외로움을 느끼는 증상이에요. 굳이 알리지 않아도 좋을 자신의 개인 정보를 자기도 모르게 말해 버리는 일도 생기고요. 또 자신을 실제 모습보다 부풀리거나 거짓된 모습으로 장

식해서 남에게 잘 보이고 싶어 하는 것도 문제지요. 이뿐 아니라 많은 사람들의 의견에 휩쓸려 자신의 주장을 밝히지 못하게 되는 군중 심리 현상을 일으키기도 해요. 그래서 SNS를 이용할 때는 나 자신이 주체적으로 이용할 수 있도록 주의할 필요가 있답니다.

지나친 광고란 어떤 것일까요?

우리가 대중 매체라고 부르는 신문, 잡지, 라디오, 텔레비전, 인터넷과 같은 미디어에서는 광고를 빼놓을 수가 없어요. 앞에서 이야기했듯이 미디어 회사는 대부분 광고료로 거두어들이는 돈으로 회사를 운영해요. 그러다 보니 광고가 꼭 필요하지요. 광고는 소비자의 눈길을 끌어서 그 내용에 관심을 갖게 만들고, 결국에는 그 상품을 사도록 하는 거예요. 즉, 광고란 소비자를 대상으로 "우리 회사 물건이 제일 좋아요. 꼭 사 주세요!"라고 설득하는 것이지요.

광고를 만드는 사람들의 이런 속셈을 잘 모르는 사람들은 광고에 좋아하는 스타가 나온다는 이유만으로 그 제품을 사기도 해요. 또 내용이나 노래가 재미있어서 자꾸 보다 보면 자신도 모르게 그 광고가 선전하는 것이 좋은 제품이라는 생각을 가지게 되지요. 간혹 우리는 "이거 텔레비전에서 광고까지 하는 건데 좋은 제품일 거야."라든가 "신문 광고에 큼지막하게 나왔으니까 믿을 만할 거야. 그러니까 사도 돼."라는 말을 하곤 하지요. 이처럼 사람들은 대중 매체에 실린 광고를 굉장히 중요하게 생각해요.

그런데 큼지막하게 광고를 한다고 해서 반드시 그 상품이 좋은 것일까요? 꼭 그렇지만은 않아요. 신문에 크게 실린 광고나 유명한 스타가 등장하는 광고는 그만큼 비싼 비용을 미디어 회사에 내야 해요. 그리고 이렇게 광고료를 너무 많이 썼을 경우에는 그만큼 상품을 만드는 데 드는 돈을 줄여야 해요. 그래야 이윤이 남으니까요. 그렇게 되면 제품의 질이 더 나빠질 수밖에 없지요.

아니면 회사로서는 손해를 보면서 물건을 팔 수 없기 때문에 광고료에 들어간 비용을 상품의 가격에 포함시켜 소비자에게 떠넘겨야 해요. 결과적으로 광고를 많이 하면 할수록 소비자가 내는 상품의 가격이 올라갈 수밖에 없답니다.

게다가 회사로서는 사람들이 그 제품을 많이 사도록 해야 하기 때문에 자칫 과대광고를 하기 쉬워요. 특히 건강에 관련된 제품은 "○○병에 탁월한 효과가 있습니다."라는 식으로 광고하는 경우가 많지요. 그러나 부작용을 일으킬 수 있거나 의학적으로 입증되지 않은 건강식품의 효능은 광고 문구에 넣을 수 없도록 광고법에 규정되어 있어요. 그래서 이런 광고는 허위 광고나 과대광고에 해당되지요. 또 상품의 성능을 지나치게 부풀리거나, 근거 없이 최고의 제품이라고 하는 것도 과대광고예요.

또한 케이블 텔레비전을 시청하다 보면 금융 회사들의 대출 광고를 자주 볼 수 있어요. 누구에게나 빠르고 편하게 돈을 빌려준다는 것이지요. 광고만 보면 참 좋은 서비스 같지만, 자세히 알고 보면 이자도 높고 서민들의 생활에 도움이 되는 건 아니에요. 그런데 이런 광고에 유명 연예인들이 모델로 많이 등장해서 사회적으로 비판을 받기도 했답니다.

인터넷 포털 사이트('다음'이나 '네이버' 같은 사이트를 말해요)나 인터넷 언론에 실리는 자극적인 광고도 소비자를 괴롭히는 광고예요. 특히 어른들이 보기에도 민망한 사진과 자극적인 문구가 가득한 성인 광고가 많아서 어린이와 청소년에게 불필요한 호기심을 주고 있어요. 이처럼 음란한 광고는 어린이의 정서에 나쁜 영향을 미칠 것이 분명하지요.

미디어를 이용하다 보면 어쩔 수 없이 광고를 보게 될 수밖에 없어요. 그래서 미디어가 많아지면 많아질수록 광고에 대해 현명하게 판단하는 지혜가 필요하답니다.

방송의 공공성을 지켜야 하는 이유는 무엇일까요?

신문사나 방송사 등 미디어 기업은 회사를 경영하는 형태에 따라서 국영 기업, 공영 기업, 민영 기업 등으로 나눌 수 있어요. 국가가 자본을 투자하고 경영하는 곳을 국영 기업이라고 하고, 공공

단체가 설립해 경영하는 곳을 공영 기업이라고 하지요. 또 민간단체가 설립해 경영하는 곳은 민영 기업이라고 해요. 비교적 설립이 자유로운 신문사와는 달리, 방송사는 설립 절차가 까다로워요. 방송사의 경우는 설립 목적, 국가나 정부와의 관계 등에 따라 국영 방송, 공영 방송, 상업 방송으로 나뉜답니다.

국영 방송이란 국가 예산을 주된 자본으로 설립하고 국가 기관으로서 방송 사업을 운영하는 방송사예요. 영리, 그러니까 이익을 얻을 목적으로 운영하는 방송사가 아니에요. 공산 국가를 비롯해 개발 도상국에서는 국영 방송 제도를 통해 정부의 정책을 홍보하고 국민을 계몽하는 역할을 주로 맡지요.

공영 방송이란 시청자로부터 거두어들이는 수신료 등을 주된 수입으로 삼아 경영을 해요. 영리를 직접적인 목적으로 하지는 않지만 국가 기관으로부터 독립하여 운영되지요. 우리나라에서는 KBS, MBC, EBS가 공영 방송이에요. 한편 민간 기업이나 민간 단체가 설립하고, 광고료를 주된 수입으로 삼으며, 영리를 목적으로 운영하는 방송사를 상업 방송이라 불러요. 우리나라에서는 SBS 등이 있지요.

방송에 있어서 공공성은 매우 중요한 의미를 가진답니다. 공공성이란 한 개인이나 단체가 아닌 일반 사회 구성원 전체에 두루 관련되어 있다는 뜻이에요. 방송에 필요한 전파는 한정되어 있는데,

이를 특정 단체나 사람이 자신만의 이익을 위해 사용한다면 어떨까요? 미디어 기업을 가진 집단이나 개인이 사회 전체의 의사소통 수단을 독차지하게 되겠지요? 그래서 방송의 공공성을 보장할 수 있도록 법으로 규정하고 있는 거예요.

방송은 국민 모두에게 이익이 되도록 만들어야 해요. 또 시청자의 정서를 해쳐서는 안 되는 것을 원칙으로 하지요. 방송사는 방송의 공공성을 적극적으로 살릴 수 있도록 보다 많은 사람들이 바라고 필요로 하는 프로그램을 만들어야 해요. 이런 의미에서 정부는 어느 정도 방송을 규제하고 있답니다.

방송 프로그램을 편성하는 데에도 중요한 원칙이 있어요. 다양한 지역적·사회적·문화적 계층을 고려하고 그들이 필요로 하는 프로그램을 만들어서, 사람들이 자신의 생활 형태에 따라 편하게 볼 수 있도록 보내 주는 거예요. 예를 들면 텔레비전을 보다가 청각장애인들을 위한 자막 방송을 하고 있다는 문구를 본 적이 있지요? 또 전통문화를 지키기 위해 시청률이 높지 않은 국악 프로그램을 제작하는 것도 이 때문이에요. 만약 정부가 아무런 규제도 하지 않으면 방송사는 수익을 높이기 위해 상업적인 방송만 하려고 할 수도 있기 때문이지요.

그렇지만 위성 방송과 케이블 방송이 생겨나면서 채널의 수가 엄청나게 많아지고, 그에 따라 방송이 공익을 위해 사용되어야 한

다는 원칙이 조금씩 무너지고 있어요. 미디어에 대한 규제가 차츰 느슨해지면서 공공성보다는 이익과 경쟁을 더 중요하게 여기게 된 거죠. 채널의 수가 많아지다 보니 서로 간에 경쟁을 피할 수 없게 되었어요. 공공성보다는 어떻게 하면 프로그램 시청률을 더 높일 수 있을까 애쓰게 된 거죠. 광고료 수익을 더 늘릴 수 있거든요. 그래서 시청률이 기대한 만큼 나오지 않을 때는 프로그램을 중단하는 일도 종종 생긴답니다.

방송의 공공성은 국민을 위한 매우 중요한 원칙이에요. 그래서 국가는 미디어 기업이 지나치게 거대해져서 우리 사회의 의사소통과 여론의 흐름을 혼자서 독차지하지 않도록 균형을 잡으려고 하지요. 예를 들어 하나의 미디어 기업이 신문, 잡지, 라디오, 텔레비전, 인터넷을 모두 거느리고 있다면 어떨까요? 그 기업은 사회에 막강한 영향력을 행사하는 조직이 되고 말겠지요? 그러면 자칫 미디어를 소유한 이들의 이익은 커지지만 그렇지 못한 사람은 소외되거나 피해를 입는 경우가 생길 수 있어요. 그럼에도 불구하고 경제 성장과 산업 발전을 위해 선진국을 비롯해 대부분의 나라에서는 신문사와 방송사를 함께 운영할 수 있도록 허용하고 있어요. 우리나라도 최근 신문사가 방송사를 만들 수 있도록 허용했지요.

신문사와 방송사가 많아지면 시청자 입장에서는 다양한 채널 중에서 고를 수 있어서 좋을 듯하지만 꼭 그런 것만은 아니에요. 자첫 오락성이나 선정성만을 추구한 나머지 경쟁이 심해지고 프로그램의 질이 낮아질 우려도 있어요. 시청자에게 도움이 되는 유익한 프로그램보다는 흥미만 부추기는 프로그램이 늘어날 수도 있으니까요.

또 신문과 방송을 같이 하는 기업이 공룡처럼 거대한 조직으로 성장해서 어느 누구도 통제할 수 없는 막강한 권력을 함부로 휘두르게 되는 위험도 염두에 두어야 해요. '언론 재벌'로 불리는 미국의 루퍼트 머독이 대표적인 예이지요. 뉴욕포스트, 타임스, 폭스 등 수많은 미디어 기업을 소유한 그는 '미디어의 황제'라는 찬사를 받기도 하지만, 한편으로는 자신의 이익을 위해 언론을 마음대로 주무른다는 비판을 받기도 해요. 이처럼 미디어 기업이 너무 거대해지면 언론이 상업화되어 공공성을 잃어버릴 수 있어요. 또 국가 권력이나 대기업과 친해져서 자신들의 힘을 키우는 데만 애쓸 수도 있고요. 그렇게 되면 국민의 이익, 시청자의 이익, 소비자의 이익은 뒷전으로 밀려나고 말겠지요.

또 이렇게 되면 국민들은 미디어를 통해 자신의 의견을 말할 기회를 갖기가 점점 어려워져요. 다양한 여론을 통해 자유 민주 사회의 구성원으로서 토론하고 합의해 가는 수단을 잃어버릴 수도 있고요. 이러한 현상은 하나의 미디어 기업이 너무 큰 힘을 가질 때 생길 수 있는 나쁜 점이지요.

생각 넓히기

❶ 같은 사건이나 주제를 다룬 신문의 사설을 여러 개 모아 보세요. 그리고 그 사설이 주장하는 내용이 어떻게 다른지 비교해 보세요.

❷ 신문 광고나 텔레비전 광고 중에서 상품을 지나치게 부풀리는 과대광고라고 생각되는 것을 찾아보세요. 그리고 어떤 부분이 과장되었는지, 사람들에게 그 광고가 어떤 영향을 미칠지 토론해 보세요.

❸ 요즘 가장 재미있게 시청하는 텔레비전 프로그램은 무엇인가요? 그 프로그램을 통해서 배울 수 있는 유익한 점과 그 프로그램에서 고쳐졌으면 하고 바라는 점을 적어 보세요.

❹ 텔레비전을 너무 많이 시청하거나 컴퓨터를 너무 많이 사용하는 경우를 가리켜서 '미디어 중독'이라고 해요. 자신이 하루 중 어떤 미디어를 몇 시간 정도 사용하는지 재 보세요. 너무 오래 사용한다면, 그 시간을 어떻게 줄여 나갈지 친구들과 이야기해 보세요.

5장

미디어는 어떤 책임을 가져야 할까요?

여러 번 강조했듯이 미디어는 정확하고 객관적이고 공정한 보도를 할 의무가 있어요. 왜냐하면 미디어가 사회에 미치는 영향이 너무 크기 때문이지요. 잘못된 보도는 사람들의 판단을 흐리게 하고 잘못된 여론을 만들 수 있거든요. 왜곡된 사진이나 방송도 마찬가지고요.

특히 요즘에는 소셜 미디어(SNS)로 인해 예전보다 정보의 양은 훨씬 많아졌지만 확인되지 않은 정보들이 많아 사람들이 피해를 입는 경우도 생기고 있어요. 소셜 미디어는 개인들이 정보를 자유롭게 만들고 공유할 수 있도록 해 주지만 자칫 책임감 없이 이용하게 되면 상상할 수도 없는 큰 문제가 발생할 수 있답니다.

미디어는 국민의 생각과 의견은 물론이고 생활과 문화에 이르기까지 막대한 영향을 미치고 있어요. 그래서 우리는 미디어를 보다 현명하고 분별력 있게 이용할 수 있는 안목을 길러야 한답니다. 미디어를 현명하게 이용하기 위해서는 직접 자신의 미디어를 만들어

보는 것도 좋은 방법이에요.

자신만의 미디어를 만들어 봐요

요즘에는 꼭 방송사나 신문사같이 큰 회사를 세워야만 미디어를 운영할 수 있는 건 아니에요. 누구나 만들 수 있는 블로그와 유튜브 채널, 팟캐스트도 일종의 미디어예요. 여러분도 블로그나 인스타그램 계정에 자신의 생각을 적기도 하고, 인상적인 장면을 찍은 사진을 올리기도 하잖아요? 댓글로 서로 의견을 나누기도 하고요. 여러분이 인스타그램에 올린 내용이 흥미롭고 유익하면 더욱 많은 사람들이 볼 것이고, 조회 수, 좋아요 수가 많아질수록 여러분은 소문난 '1인 미디어 운영자'가 될 수도 있지요. 1인 미디어의 조회 수 등은 신문의 구독률이나 텔레비전의 시청률과도 비슷한 인기의 기준이에요.

블로그도 마찬가지예요. 블로그는 자신의 의견을 표현하고 모아둘 수 있는 1인 미디어랍니다. 글, 사진, 동영상 등 멀티미디어의 형태로 자신이 관심 있는 분야에 대해 깊고 폭넓은 정보를 담을 수 있어요. 블로그를 운영하는 사람을 '블로거'라고 부르는데, 최근에는 블로거들만으로 구성하여 뉴스, 시사 해설 등 다양하고 수준 높은 정보를 제공하는 온라인 미디어도 인기를 끌고 있답니다.

많은 사람들이 사용하고 있는 페이스북과 X(트위터의 새 이름)도 대표적인 개인 미디어예요. 이런 점에서 볼 때 미디어의 중심이 개인으로 바뀌고 있다는 것을 알 수 있어요. 이들 미디어는 동영상을 올리고 공유하는 유튜브와도 연계할 수 있기 때문에, 중요한 정보가 순식간에 전 세계로 퍼져 나가도록 할 수 있지요.

컴퓨터와 온라인 미디어를 잘 다루는 사람들은 네트워크 기술을 활용해 정보를 생산하고 소비하지요. 이들이 정보를 생산하는 것은 단순히 자신이 가진 정보를 여러 사람들과 함께 나누는 것에만 그 목적이 있는 것은 아니에요. 바로 이러한 행동을 일종의 사회 참여로 생각한답니다. 즉 자신을 표현하고 자신의 가치를 찾아가기 위한 활동인 거예요. 이들은 자신이 알고 있는 정보를 표현하고 인정받을 때 뿌듯함을 느껴요. 자신이 사회의 구성원으로서 역할을 하고 있다고 여기고, 자신의 목소리를 사회에 냄으로써 인정받았다는 만족감을 얻는 것이랍니다.

그런데 문제는 온라인 공간이 이름을 밝히지 않아도 되고, 혼자서 활동할 수 있고, 시간에 특별히 구애받지 않기 때문에 범죄에 이용될 수도 있다는 점이에요. 특히 소셜 미디어에서는 정보가 다른 어떤 미디어보다 빠르게 전파되기 때문에 자칫 잘못된 정보를 사실이라고 믿고 많은 사람들이 따르게 되면 사회적으로 큰 문제

가 일어날 수도 있답니다.

따라서 소셜 미디어에 글을 쓰고 읽는 사람들은 스스로 통제하는 능력을 가지고 있어야 해요. 그렇다고 무조건 소셜 미디어의 이야기를 믿지 말라는 뜻은 아니에요. 누구든 쓸 수 있는 글이기 때문에 잘못된 정보가 있을 수도 있다는 생각을 할 줄 알아야 한다는 것이지요. 소셜 미디어는 훌륭한 소통의 도구이기는 하지만 무조건 믿거나 따라서는 안 된다는 말이랍니다.

미디어의 사회적 책임은 무엇인가요?

인터넷, 스마트 미디어, 소셜 미디어 등이 널리 퍼지게 되면서 미디어의 수는 엄청나게 많아졌어요. 정보가 너무 많다 보니 자신에게 꼭 필요한 정보를 고르는 것이 어려워졌지요. 예를 들어 책 한 권을 사려고 해도 파는 사이트마다 혜택도 제각각이어서 사이트를 한참 동안이나 뒤진 뒤에야 가장 싼 책을 고를 수 있어요.

그렇다 보니 쓸모 있는 정보를 찾는 일이 매우 중요하게 되었답니다. 인터넷 포털 사이트에 올라와 있는 뉴스 제목들을 생각해 보세요. 제목만 보면 클릭을 할 수밖에 없을 정도로 궁금증을 불러일으키지요. 하지만 막상 내용을 읽어 보면 제목과 다른 경우가

많아요. 이처럼 포털 사이트에서 골라 놓은 뉴스 사진이나 추천 뉴스 같은 것들이 사람들의 호기심만 자극하는 것은 아닌지 곰곰이 생각해 볼 필요가 있어요. 어쩌면 그런 점들 때문에 미디어의 신뢰도가 점점 낮아지고 있는지도 몰라요.

신문과 방송을 비롯한 언론사들은 정확한 사실을 보도할 책임이 있어요. 그리고 사설, 칼럼, 논평 등을 통해 사건을 적절하게 해석하고, 공정하고 객관적인 뉴스를 국민에게 전달해야 하지요. 신문사와 방송사가 비록 이윤을 추구하는 기업이기는 하지만, 기업만이 아니라 여러 사회 계층의 목소리를 골고루 반영하는 소통의 통로가 되어야 하기 때문이지요. 미디어가 이러한 책임으로부터 고개를 돌려 버리면 미디어로서 역할을 수행할 수 없게 되고, 일부 계층의 생각과 주장만을 전달하는 해로운 존재가 되고 만답니다.

우리 사회에서 오랜 문제인 외모 지상주의를 예로 들어 볼게요. 여러분은 걸핏하면 '얼짱', '훈남' 같은 말로 사람을 설명하는 기사나, 지나치게 마른 몸매의 모델을 출연시켜서 한참 동안이나 바라보게 만드는 텔레비전이 못마땅한 적은 없었나요? 사람들이 텔레비전에 나오는 연예인들을 보고 성형 수술을 한다거나 건강까지 해치면서 지나치게 다이어트를 하는 모습을 보면 안타까울 뿐이에요. 이런 현상은 건강을 해치는 것은 물론이고, 너도 나도 현실과 동떨어진 모습을 따라가려는 생각 때문에 불필요한 고통을 겪을 수밖에 없으니까요. 국민 모두가 '얼짱'이 될 수는 없잖아요? 또 국민 모두가 연예인처럼 근육질 몸매를 가질 수도 없고요.

미디어는 사회의 보편적인 가치를 지키면서 국민에게 건전한 정신과 건강한 신체를 갖도록 도와줘야 해요. 이것이 바로 미디어의 사회적 책임이지요. 그러니까 미디어 기업은 사회적 책임을 지는 중요한 위치를 차지한다는 사실을 깊이 명심할 필요가 있답니다.

개인의 권리를 침해하는 미디어의 행위로는 어떤 것이 있을까요?

미디어는 사회적 책임감뿐만이 아니라, 미디어로서 지켜야 할 '윤리'도 반드시 잊지 말아야 해요. 미디어의 윤리란 뉴스를 취재하고 보도할 때 사람들의 인권을 지키고, 법적으로 문제없이 활동해야 한다는 거예요. 사회의 잘못된 점들을 캐내고 국민의 알 권리를 지켜 주는 것은 좋지만, 그렇더라도 법을 지키는 범위 안에서 취재를 해야 한다는 말이지요.

또 취재의 대상이 되는 사람들의 인격과 권리를 보호해야 하기 때문에 얼굴 사진을 마구 찍거나 동의를 받지 않은 채 방송에 내보내서는 안 돼요. 설사 범죄자라고 하더라도 말이지요. 그럼에도 불구하고 뉴스에 보다 실감나고 긴장감 넘치는 화면을 담기 위해 미디어들은 경쟁적으로 취재를 하지요. 그렇다면 미디어의 취재 활동 중 개인의 권리를 침해하는 것에는 어떤 것이 있을까요?

몰래카메라

몰래카메라는 한 사건을 깊이 있게 다루는 심층 취재나 뉴스 프로그램에서 흔히 볼 수 있어요. 취재 대상은 자신이 촬영되고 있다는 사실을 모른 채 방송에 나오게 되지요. 보통 취재를 할 경우에는 기자가 미리 질문할 내용을 알려 주고 대답을 준비할 수 있도록 해요. 그런데 몰래카메라를 이용해 취재하게 되면 그 사람은 방송이 되고 있다는 사실을 몰라서 말을 쉽게 내뱉을 수도 있고, 방송에 내보이고 싶지 않은 모습을 보일 수도 있어요. 이러한 모습이 수많은 사람들이 보는 방송으로 나가게 되면 개인의 인격을 침해할 수 있지요.

몰래카메라를 자주 이용하는 것은 기술이 발달해 카메라가 더욱 작아지고 성능이 좋아졌기 때문이에요. 카메라를 숨기기가 쉬워졌거든요. 또 방송사 간에 시청률 경쟁이 심해져 경쟁적으로 보도하다 보니 자극적이고 실감나는 화면이 필요해졌기 때문이기도 해요. 그리고 짧고 간단한 뉴스보다 한 사건을 깊이 다루는 보도가 늘어났다는 점도 들 수 있지요.

그러나 몰래카메라를 사용한 취재라고 해서 반드시 나쁘다고 할 수는 없어요. 경우에 따라 필요할 수도 있지요. 지금도 몰래카메라의 사용에 대해서는 법적으로 찬성하는 쪽과 반대하는 쪽의 의견이 팽팽히 맞서고 있는 상황이랍니다.

몰래카메라의 사용이 필요하다는 주장은 어떤 의미에서일까요? 아무리 몰래 찍는 것이긴 하지만 이것은 헌법이 보장하는 표현의 자유를 실현하는 것이라고 보는 거예요. 표현의 자유에는 취재의 자유, 기사 작성의 자유, 출판의 자유, 배포의 자유 등도 포함되니까요. 게다가 언론은 공공의 이익을 위해 봉사할 의무가 있으므로, 사회를 해롭게 하는 범죄 행위들을 방송에서 보여 주어 국민에게 알리고 토론할 수 있도록 해야 한다고 주장하지요.

반대로 몰래카메라의 사용을 반대하는 주장은 이래요. 몰래카메라 사용 자체가 불법일 뿐만 아니라 취재 대상의 인격권을 침해하는 것이므로 정당화될 수 없다는 거지요. 아무리 언론이라고 해도 이러한 행위를 무조건 허용할 수는 없다는 거예요.

이처럼 찬성과 반대가 팽팽하게 맞서고 있기 때문에 방송 프로그램으로 피해를 입었다고 주장하는 사람들이 법원에 고소할 경우, 재판 과정에서 종종 논쟁이 되곤 하지요.

명예 훼손

명예 훼손이란 미디어가 어떠한 사실이나 허위 사실을 공개적으로 보도함으로써 다른 사람의 명예가 훼손된 것을 말해요. 몰래카메라 때문에 명예 훼손을 당했다고 주장하는 경우도 많지요. 법적으로는 민사 소송의 대상이 돼요. 그러나 몰래카메라 사용 자체가 명예 훼손이 되는 것이 아니라, 몰래카메라를 사용해 촬영한 내용이 보도될 경우에 명예 훼손이 될 수 있는 것이므로 몰래카메라 자체는 명예 훼손과 직접적인 관계는 없어요.

사생활권 침해

사생활권을 영어로 흔히 프라이버시(privacy)라고 해요. 개인의 사생활이나 집안의 사적인 일, 또는 그것을 남에게 간섭받지 않을 권리를 뜻하지요. 자신에 대한 정보를 다르게 왜곡해서 보도하거나 허락 없이 나에 대한 정보를 공개하는 것이 사생활권 침해예요. 개인적인 공간에 허락 없이 들어오거나 개인적인 사실을 가지고 상업적인 이익을 꾀하는 행위도 여기에 해당하고요.

미디어는 이런 사생활권 침해를 하지 않도록 지나치게 공격적인 취재를 해서는 안 돼요. 예를 들어 몰래카메라를 들고 병원에 환자로 위장을 하고 가서는 병원을 촬영한 다음 뉴스로 보도했다고 해 보세요. 이때는 기자가 의사의 허락 없이 촬영한 것이므로 사생활권 침해가 될 수도 있어요. 특히 연예인의 경우 기자들의 취재 경쟁으로 사생활권이 크게 침해되는 경우가 많지요.

초상권 침해

'초상권'이라는 말을 들어 본 적 있나요? '초상'이란 어떤 사람의 얼굴이나 모습이라는 뜻이에요. 사람의 얼굴을 그린 그림을 초상화라고 하는 것을 떠올려 보면 초상권이라는 말의 뜻을 이해하기 쉬울 거예요. 그러니까 초상권이란 자신의 얼굴을 허락 없이 촬영하거나 그 사진이 함부로 사용되지 않도록 할 권리를 말해요.

초상권을 지켜야 하는 이유에는 두 가지가 있어요. 첫 번째는 함부로 남의 사진을 사용하는 것은 그 사람의 사생활과 인격을 침해하는 일이기 때문이에요. 두 번째는 유명인의 사진과 같이 경제적 가치가 있는 경우, 허락도 없이 비용을 지불하지 않고 사용하는 것을 막기 위해서지요.

따라서 다른 사람의 사진을 허락을 받지 않고, 특히 상업적인 목적으로 이용할 경우에는 초상권 침해에 해당돼요. 다만 돈을 벌기 위해서가 아니라 공공의 이익을 위한 것일 때는 예외로 하는 경우도 있답니다.

미디어의 취재 활동에서도 사람들의 초상권을 침해하지 않도록 주의를 기울여야 해요. 예를 들어 볼게요. 방송사에서 대학교 신입

생 환영 행사를 취재하면서 대학 문화에 대한 긍정적인 내용을 방송할 거라고 이야기하고 동의를 얻은 다음 촬영을 했어요. 그런데 막상 텔레비전에 나온 내용을 보니 대학 문화의 부정적인 면을 보도하는 것이었다고 한다면 그 대학생들의 사생활권과 초상권을 침해한 것이 되지요.

저작권 침해

저작권이란 개인이 독창적으로 창작하고 발표한 저작물에 대해서 가지는 법률적 권리를 말해요. 저작물이라 하면 소설, 시, 논문, 강연, 연설, 시나리오, 대본처럼 글과 말로 창작하는 저작물뿐만 아니라, 음악, 연극, 미술, 건축, 사진, 영상, 도형과 같은 예술 저작물도 포함돼요. 예를 들어 어떤 작가가 찍은 사진을 허락 없이 사용하거나 자신이 창작한 것처럼 꾸미는 경우에는 법의 처벌을 받을 수 있어요. 가끔 어떤 가수가 발표한 신곡이 외국 가수의 노래를 표절했다는 의혹이 제기되어 사과하거나 발표곡을 취소하는 일이 생기기도 해요.

인간의 사상 또는 감정을 표현한 창작물은 당연히 그 권리가 존중받고 보호되어야 해요. 그래서 저작권 보호 기간을 법으로 정해 놓았는데요. 원칙적으로 저작자가 생존하는 동안과 사망 후 50년간(우리나라와 미국은 70년간) 보호된답니다. 저작권은 전부 또는 일부를 다른 사람에게 양도하거나 저작물의 이용을 허락할 수 있어요. 따라서 우리는 미디어에 콘텐츠를 담을 때 다른 사람의 저작권에 침해가 되지 않는지 꼼꼼하게 확인할 필요가 있답니다.

올바른 미디어의 기준은 무엇일까요?

지금까지 나온 내용들을 살펴보면 미디어는 독자 또는 시청자를 소비자로 여기고, 기업의 입장에서 많은 수익을 올리려고 한다는 것을 알 수 있어요. 그러니까 공공의 이익을 먼저 생각해야 할 미디어의 책임에 대해서는 살짝 고개를 돌리면서 미디어 기업에 유리한 방향으로 보도를 하거나 여론을 만들어 가는 미디어들도 적지 않다는 사실을 알아 둘 필요가 있어요.

그렇다면 바람직한 미디어란 어떤 것일까요? 그리고 그 기준은 무엇일까요? 이제부터 미디어가 담당해야 하는 바람직한 기능에 대해 살펴보기로 할게요.

환경 감시 기능

환경 감시 기능은 미디어가 사회에서 일어나는 여러 가지 사건들에 관한 정보를 수집하고 정리하여 전달함으로써 우리 주변에서

일어나는 일을 감시해 주는 기능이에요. 쉽게 말해 우리 사회에서 일어나는 잘못되고 옳지 못한 일들을 고발함으로써 세상을 좀 더 따뜻하고 안전한 곳으로 지키는 파수꾼과 같은 역할을 하는 것이지요. 사람들은 뉴스를 통해 세상 돌아가는 소식을 보면서 "아, 역시 잘못한 일을 하면 법의 심판을 받는구나.", "정의가 이기는 것을 보면 역시 세상은 살 만한 곳이야."라는 생각을 갖게 되지요.

이렇듯 미디어는 사회가 잘못 운영되는 일이 없는지 감시하고 견제하는 역할을 해야 하지요.

상관 조정 기능

상관 조정 기능이란 뉴스가 단순히 사실을 보도하는 차원을 넘어서, 우리 사회에서 그러한 사건이 일어나게 된 배경과 의미를 설명해 주고 문제점을 해결할 수 있는 방안까지 제시해 주는 기능을 말해요. 신문에 실리는 사설이나 논평이 그중 하나예요. 단지 일어난 사실만을 전해 주는 것이 아니라 그 속에 담긴 의미까지 설명하면 국민들이 사회 문제에 대해 보다 깊이 이해할 수 있겠지요.

그러나 미디어의 논평이나 사설에 편견이 들어 있거나 중요한 사회 문제를 일부러 다루지 않는다면 공정하지 못한 보도가 될 우려도 있어요. 또 미디어가 정치 권력이나 자본, 이익단체 등의 눈치를 보면서 왜곡된 보도를 한다면 올바른 기능을 수행할 수 없게 되겠지요.

사회 유산 전수 기능

미디어는 우리 사회가 가지고 있는 가치관과 규범, 관습 등을 사회 구성원들에게 전수하는 기능을 해요. 이를 가리켜 '미디어의 사회 유산 전수 기능' 또는 '미디어의 사회화 기능'이라고 해요. 미디어는 여러 계층으로 구성되어 있는 사회 구성원들을 위한 교육의 도구로 이용되기도 하고, 또 우리 사회가 용납하지 않는 행위 등을 알려 줌으로써 우리가 세상을 살아가면서 지켜야 할 규범과 사회 윤리를 다시금 일깨우는 역할을 하지요.

예를 들어 평생 동안 재판을 받거나 법정에 서게 되는 사람은 많지 않아요. 하지만 우리는 법정에서 어떻게 재판이 이루어지는지 대부분 알고 있어요. 신문의 보도나 텔레비전 뉴스, 드라마를 통해서 법정이 어떻게 생겼고 재판이 어떻게 진행되는지, 또 검사, 변호사, 판사의 역할은 무엇인지 알게 되니까요. 이러한 지식을 미디어를 통해서 간접적으로 배우는 것이지요.

오락 기능

미디어는 뉴스나 정보를 전달하기도 하지만 쇼, 오락, 이야기 등 흥미 있는 프로그램도 만들기 때문에 사람들의 기분 전환과 휴식을 돕는 오락적 역할도 담당하지요. 학교나 직장에서 돌아와 집에서 편하게 쉬는 동안 재미있는 볼거리와 휴식의 즐거움을 주는 미디어는 우리에게 매우 고마운 존재예요. 텔레비전의 오락 프로그램 진행자와 출연자는 친근하고 익숙한 친구처럼 느껴지고, 그들의 모습과 행동을 따라 하거나 닮으려고 애쓰는 사람들도 많아요. 미디어의 오락 기능은 현대인에게는 빼놓을 수 없는 중요한 요소랍니다.

그러나 요즘 텔레비전의 오락 프로그램의 경우에는 지나치게 자극적인 것들이 많아서 자칫하면 사회나 정치 문제 등 우리가 꼭 알아야 할 중요한 문제들에 대해 무관심하게 되기 쉬워요. 그러다 보면 미디어를 통해 지식과 교양을 쌓기는커녕 질이 낮은 프로그램에 빠져 버리게 되고 만다는 점을 꼭 기억하세요.

생각 넓히기

❶ 언론에서 '얼짱', '훈남' 등과 같은 표현을 쓰는 것이 왜 문제가 될까요? 언론의 사회적 책임에 대해 친구들과 토론해 보세요.

❷ 여러분은 텔레비전 뉴스나 시사 프로그램에서 몰래카메라를 사용하는 것에 대해 어떻게 생각하나요? 찬성하나요, 아니면 반대하나요? 그리고 그 이유는 무엇인가요?

❸ 미디어는 환경 감시 기능, 상관 조정 기능, 사회 유산 전수 기능, 오락 기능을 수행해요. 이 네 가지 기능에 해당하는 텔레비전 프로그램을 하나씩 골라 각각의 좋은 점과 문제점에 대해 생각해 보고, 친구들과 이야기를 나누어 보세요.

6장

미디어를 올바로 이용하는 방법은 무엇일까요?

　오늘날 우리는 각종 미디어와 정보가 넘치는 사회에 살고 있어요. 미디어는 우리의 삶을 매우 편리하게 해 주고 시시각각으로 수많은 정보를 전해 주지요. 게다가 이제는 누구나 혼자서도 미디어를 만들어 하고 싶은 이야기를 하고, 다른 사람들과 정보와 의견을 나눌 수 있게 되었어요. 언론이 보내 주는 정보를 그대로 받아들이는 것에서 한 발 나아가, 자신이 직접 정보를 생산하고 다른 사람들에게 전달하는 능동적인 역할을 하게 된 것이지요.

　하지만 수많은 사람들이 쏟아 내는 정보를 일일이 다 살펴보는 것은 불가능해요. 신문과 잡지를 모두 챙겨 읽고, 텔레비전 프로그램을 빠짐없이 보고, 인터넷 뉴스를 읽고, 친구들의 SNS에 가서 댓글을 남기고……. 이걸 전부 하려면 엄청난 시간이 필요할 거예요. 중요한 것은 수많은 미디어 속에서 나에게 필요한 정보를 잘 찾아서 도움이 되도록 활용하는 일이에요. 정확한 정보를 잘 찾고 유익하게 사용하는 지혜야말로 거대한 미디어의 힘에 휘둘리지 않고 오히려 한 발 앞서 나가는 길이지요.

그러기 위해서는 미디어의 내용을 아무 생각 없이 받아들이기보다는 '왜 이런 내용을 전하는 걸까?', '이 정보는 나한테 어떤 도움이 될까?', '이 정보를 전해 주는 일을 통해 누가 어떠한 이득을 보는 것일까?'와 같은 의문을 가지는 게 중요해요. 또한 신문과 잡지, 책과 같은 인쇄 미디어의 중요성도 잊지 말아야 해요. 아무리 인터넷이나 스마트폰 같은 전자 미디어가 점점 중요한 역할을 하는 시대라고는 하지만, 글을 통해서 정보를 읽으면 영상으로 보는 것보다 상상력과 사고력을 높이는 데 도움이 되거든요. 영화감독이나 드라마 감독이 되려고 하는 사람일수록 오히려 책을 많이 읽고, 이야기를 만들어 내기 위한 상상력과 창의성을 기르는 훈련이 필요한 것도 바로 이 때문이랍니다.

미디어를 이용하는 주인공은 바로 우리 자신이에요. 신문사나 방송사 같은 거대한 미디어 기업도, 미디어에 등장하는 유명한 연예인도 아니에요. 이들은 프로그램이나 정보를 우리에게 제공하는 목적을 가진 생산자일 뿐이지요. 요즘은 생산자보다 소비자가 더욱 중요한 위치에 있는 시대잖아요? 현명하게 미디어를 선택하고 활용하는 지혜, 정확하고 유익한 정보를 찾아내는 능력, 사회 발전에 기여할 수 있는 좋은 정보를 만들어 내는 창의성이 우리에게 가장 필요하지요.

미디어 윤리는 왜 중요할까요?

오늘날 많은 사람들은 미디어를 통해서 사회 전반에서 발생하는 일을 접하고 다양한 정보를 얻지요. 그 거대한 영향력으로 인해 미디어는 여론을 조작하거나 왜곡할 수 있고, 정치 권력이나 기업과 친하게 지내기 위해 노력할 수도 있어요. 드라마나 오락 프로그램도 특정한 인물을 유명하게 만들려고 의도적으로 출연시키거나 인기 순위를 조작할 수도 있고요. 미디어가 정직하고 올바르게 프로그램을 만들지 않는다면 그 피해는 고스란히 우리들이 짊어지게 되겠지요.

앞에서 미디어를 접할 때 항상 미디어의 '뒷모습'도 살펴봐야 한다고 했지요? 미디어가 전해 주는 대로, 보여 주는 대로 받아들이기만 하면 자신도 모르게 미디어에 의해 길들여지거든요. 우리가 "아, 재미있다!" 하고 즐거움을 느끼는 사이에, 미디어는 스스로의 '욕심'을 채우기 위해 그럴듯한 볼거리로 우리를 유혹하거든요.

미디어는 그 영향력만큼 위험성도 크기 때문에 올바른 미디어 윤리를 세우는 일이 정말 필요해요. 미디어는 대부분 윤리 강령을 제정하고 이를 지키려고 스스로 노력하고 있지요. 미디어가 이러한 가치들을 충실하게 지킬 때 비로소 미디어가 있어야 하는 이유를 가질 수 있답니다. 또 우리 사회를 건강한 사회로 발전시킬 수 있는 힘을 발휘할 수 있어요.

그럼, 미디어가 지켜야 하는 윤리에는 어떤 것들이 있는지 함께 살펴보기로 해요.

언론 자유 수호

언론의 자유란 미디어가 국민의 알 권리를 실현하기 위해 수집한 사실을 자유롭게 표현할 수 있는 권리를 뜻해요. 언론의 자유는 헌법에도 보장되어 있는 권리이지요. 미디어는 권력이나 기업의 압력 등 언론의 자유를 위협하는 자들의 부당한 간섭과 압력에 굴복해서는 안 돼요. 예를 들어 정치부 기자가 정치가들이 무서워 그 사람들의 잘못을 보도하지 않고 눈감아 주어서는 안 되겠지요.

공정 보도

미디어는 뉴스를 보도할 때 진실을 존중하여 정확한 정보를 선택하고 객관성과 공정성을 지키도록 노력해야 해요. 예를 들어 볼까요? 어떤 기자가 잘못을 저지른 정치가에 대해 취재를 해서 보도했다고 해 봐요. 이것만 보아서는 객관성을 지킨 것이지요. 하지만 똑같은 잘못을 저지른 다른 정치인들은 빼놓고 그 정치인만을 뉴스로 다뤄서 곤경에 빠지게 한다면 공정함을 잃은 보도예요.

물론 미디어는 시간과 지면이 제한되어 있기 때문에 모든 대상을 똑같이 다룰 수 없어요. 언론사에서는 중요하다고 판단한 뉴스는 크게 다루고, 덜 중요하다고 판단한 뉴스는 작게 다룰 수 있어요. 또 같은 사건이라도 바라보는 시각에 따라 중요함의 정도가 다를 수 있고요. 이처럼 미디어가 하나의 사건을 객관적으로 다루었다고 하더라도, 공정성까지 지키기는 쉽지 않아요. 그렇기 때문에 늘 객관성과 공정성을 지키려는 노력이 필요하답니다.

품위 유지

언론사 경제부에 근무하는 기자는 기업의 이익에 관련된 뉴스나 주식에 관한 정보를 먼저 알게 되는 경우가 많아요. 그런데 만약 언론사의 기자가 이 정보를 이용해서 주식에 투자해 큰돈을 번다면 어떻게 될까요? 기자로서 지켜야 할 품위와 신뢰감을 떨어뜨리는 일이 될 거예요.

언론은 취재와 보도 과정에서 기자라는 신분을 이용해 부당한 이득을 얻어서는 안 돼요. 또 취재원이 건네는 돈이나 특혜, 편의도 거절해야 하지요. 기자들이 이런 특혜를 받게 되면 아무래도 공정한 기사를 쓸 수 없겠지요? 미디어는 취재 활동 중에 얻은 정보를 보도를 위해서만 올바르게 사용해야 해요.

정당한 정보 수집

요즘 미디어 기술이 발전하면서 몰래카메라 등을 이용한 취재가 흔해졌어요. 그러다 보니 사생활권 침해나 명예 훼손, 초상권 침해 등의 문제가 자주 생기곤 해요. 이를 예방하기 위해서 미디어는 취재 과정에서 항상 정당한 방법으로 정보를 얻어야 한다는 사실을 잊지 말아야 해요. 또 기록과 자료를 조작하지 않도록 하는 노력도 필요하지요. 미디어는 개인의 명예를 해칠 수 있는 내용을 보도할 때 항상 신중해야 하며 다른 사람의 사생활을 보호해야 한답니다.

그런데도 미디어가 허위 정보를 전달하거나 속임수를 쓰는 경우가 종종 발생하곤 해요. 1981년 미국의 한 유명한 일간 신문은 여덟 살 난 소년이 마약에 중독되어 죽었다는 기사를 실었어요. 감동적이고 생생했던 이 기사는 퓰리처상을 수상했지요. 퓰리처상은 미국에서 매년 언론 부분에서 뛰어난 공로를 세운 사람에게 주는 상이에요. 그러나 나중에 밝혀진 것으로는 실제로 그런 소년이 있지도 않았고 모든 이야기가 기자가 거짓으로 지어낸 내용이었어요. 기사를 제대로 확인하지 않은 신문사의 간부가 책임을 진 것은 물론이고, 신문사의 명예도 큰 상처를 입었답니다. 미디어의 '욕심'이 만들어 낸 어처구니없는 이 사건은 선진국과 후진국의 구별 없이 언제 어디서나 일어날 가능성이 있어요.

취재원 보호

취재원이란 뉴스를 취재할 때 중요한 정보를 제공해 주는 사람을 말해요. 미디어는 어떠한 경우에도 취재원이 누구인지 다른 사람에게 알려서는 안 돼요. 취재원이 누구인지 밝혀지면 그 사람이 불이익을 당하거나 피해를 입을 수 있거든요.

예를 들어 어떤 사건의 목격자를 취재해서 범인이 누구인지 밝혀지게 되었다고 해 봐요. 그런데 신문에서 목격자의 신분을 알 수 있도록 보도하면 목격자는 나중에 범인에게 보복을 받을 수도 있어요. 또 회사에서 부당한 업무 처리나 성희롱 같은 문제가 발생했을 경우를 생각해 보세요. 이러한 일을 사회에 알리기 위해 기자에게 정보를 주고 보도되었을 때 정보를 준 사람이 누구인지 언론에서 비밀을 지키지 않으면 어떻게 될까요? 그 사람은 아마 매우 곤란한 처지에 놓이고, 결국은 회사를 그만두어야 할 거예요.

갈등·차별 조장 금지

미디어는 사건을 취재하고 보도하는 과정에서 지역이나 사회 계층, 종교 집단 간에 갈등을 일으키게 하면 안 되고, 이들을 차별해서도 안 돼요. 또 모든 사람을 평등하게 다루어야 하고, 신분의 높고 낮음에 따라 특권을 부여한다거나 취재 보도에서 편의를 제공해서는 안 되지요.

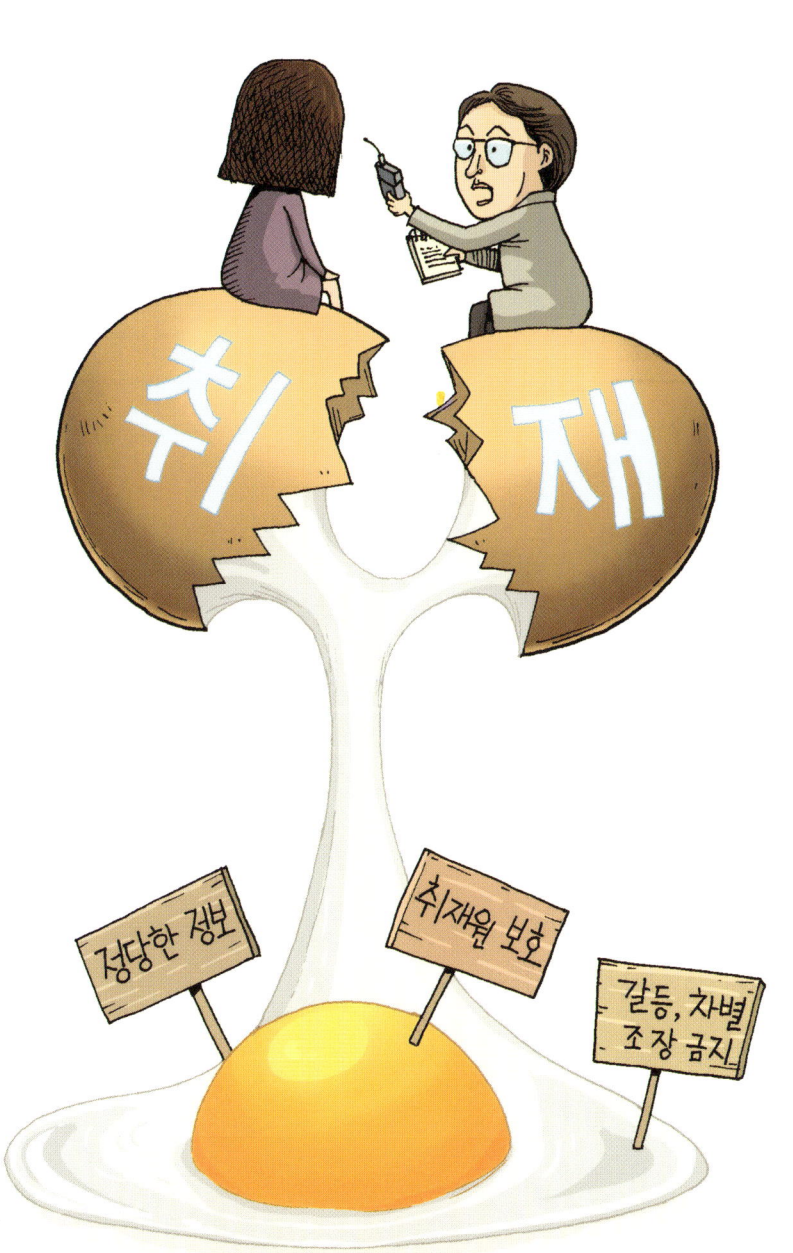

이와 같은 윤리는 언론의 공정성과도 관련이 있어요. 사회 구성원 전체가 동등한 대우를 받을 때 사회적 문제들을 쉽게 해결할 수 있거든요. 그리고 사회에서 외면당하는 소외 계층이나 주변부에 있는 이들도 보호받을 권리가 있기 때문이지요.

미디어를 올바로 활용하려면 어떻게 해야 할까요?

미디어는 겉으로는 공익성과 공공성을 실현한다고 외치면서도, 속으로는 영리를 추구하는 기업의 형태를 띠는 경우가 많아요. 그래야 직원들에게 월급을 주고 새로운 장비를 구입하고 기업을 운영할 수 있거든요. 따라서 미디어 기업도 다른 기업들과 마찬가지로 수익을 많이 올리기 위해 여러 가지 전략을 짜요. 미디어의 목표는 보다 많은 사람들이 자신의 미디어를 이용하는 거예요. 그런데 이런 목표를 무리하게 앞세우면 자칫 '욕심'으로 변질되어 오히려 부작용이 일어날 수 있어요. 다시 말해 미디어가 왜 있어야 하는지 그 이유를 잊어버리는 거지요.

그렇다면 미디어가 앞서 이야기한 기능들을 잘 수행하도록 하기 위해 우리가 할 수 있는 일은 무엇일까요? 그저 미디어가 제대로 잘 하기만을 바랄 수밖에 없는 것일까요? 아니에요. 미디어를 올바로 활용하기 위해서는 미디어가 사회적 책임을 제대로 수행하고 있는지 지켜보아야 해요. 그리고 때로는 혼자가 아니라 여러 시민들이 힘을 모아 우리들의 목소리를 전달할 필요도 있어요.

개인이 할 수 있는 일

우선 개인적으로는 각자 스스로가 미디어가 쏟아 내는 수많은 정보 가운데서 쓸모없는 정보는 버리고 필요한 정보만을 가릴 줄 아는 눈을 길러야 해요. 재미와 즐거움을 미끼로 우리들의 소중한 시간을 빼앗고 사고력에 피해를 주지 않도록 좋은 미디어를 선택하는 판단력을 기르는 것이 중요하지요. 너무 미디어에만 빠지지 않도록 절제하는 습관도 중요하고요. 또 미디어를 이용할 때는 좋은 정보는 기까이하고 나쁜 정보는 멀리해야 해요. 스스로 미디어를 만들어 보면서 어떻게 하면 다른 사람들에게 유익하고 필요한 정보를 줄 수 있을지 고민해 보는 것도 좋겠지요.

여럿이 힘을 모아 할 수 있는 일

여러 사람이 할 수 있는 일로는 친구들끼리 미디어를 평가하는 동아리를 만든다거나 미디어를 제작하는 동아리 활동을 해 보는 거예요. 학교 홈페이지 평가단이나 교내 신문 평가단, 어린이 신문 평가단 같은 활동을 하면서 그 미디어들이 이 책에서 살펴본 미디

어의 좋은 기능을 올바로 수행하고 있는지 살펴보는 것이지요. 그리고 부족한 점이 무엇인지도 토론해 보고요. 친구들과 나눈 이야기를 미디어의 대표자에게 전달하거나 발표회를 열어 보는 것도 좋겠지요. 이렇게 하면 다른 친구들에게 미디어의 중요성을 알릴 수도 있고, 여러분이 접하고 있는 미디어가 더욱 발전할 수 있는 계기를 만들 수 있을 거예요.

사회가 할 수 있는 일

사회 전체적으로는 법과 제도, 또는 기관과 단체 등을 통해 미디어를 평가하고 감시하는 활동을 할 수 있어요. 대표적으로 옴부즈맨 제도가 있지요. 옴부즈맨이란 대리자 또는 대표자라는 뜻으로, 객관적인 입장에 서서 미디어가 올바로 그 역할을 수행하고 있는지 평가하고 감시하는 역할을 하는 거예요. 그 밖에도 시민 단체에서 방송을 모니터하고 미디어 교육을 실시하는 것을 권장하고 도와줄 수도 있어요. 또 미디어를 통해 일어난 분쟁을 해결해 주는 언론 중재 위원회 같은 기구의 역할을 강화하는 것도 사회가 할 수 있는 일이지요.

생각 넓히기

❶ 여러분은 하루에 얼마나 많은 미디어를 이용하고 있나요? 여러분이 하루에 이용하는 미디어의 종류를 세어 보고, 비슷한 것끼리 묶어 보세요.

❷ 미디어가 '욕심'을 부리면, 미디어로서 지켜야 할 윤리인 공정성과 공익성이 훼손되기 쉬워요. 미디어의 '욕심'이란 어떤 것이 있을지 그 예를 생각해 보고, 미디어가 윤리를 지키지 않을 경우 사회적으로 어떠한 부작용이 생길 수 있는지 친구들과 토론해 보세요.

❸ 우리 사회에서 소외 계층이나 소수 집단에 속하는 사람들은 힘이 약하기 때문에 뉴스에서도 자신들의 목소리가 제대로 전달되기가 어려워요. 이들을 다룬 뉴스 중 긍정적인 것과 부정적인 것을 스크랩하여 비교하고 이들이 처한 입장이 제대로 반영되었는지 토론해 보세요.

❹ 우리 학교 신문 또는 홈페이지는 미디어로서의 기능을 잘 수행하고 있나요? 우리 학교의 미디어를 살펴보고 좋은 점과 고쳐 나가야 할 점을 친구들과 이야기해 보세요.

궁금했어, 미디어
미디어는 왜 중요할까요?

초 판 1쇄 발행 2012년 7월 23일
개정판 1쇄 발행 2023년 10월 4일
개정판 2쇄 발행 2024년 10월 25일

글 | 이인희
그림 | 박종호
펴낸이 | 한순 이희섭
펴낸곳 | (주)도서출판 나무생각
편집 | 양미애 백모란
디자인 | 박민선
마케팅 | 이재석
출판등록 | 1999년 8월 19일 제1999-000112호
주소 | 서울특별시 마포구 월드컵로 70-4(서교동) 1F
전화 | 02)334-3339, 3308, 3361
팩스 | 02)334-3318
이메일 | book@namubook.co.kr
홈페이지 | www.namubook.co.kr
블로그 | blog.naver.com/tree3339

ISBN 979-11-6218-265-9 73070

값은 뒤표지에 있습니다.
잘못된 책은 바꿔 드립니다.

*종이에 베이거나 긁히지 않도록 조심하세요.
*책 모서리가 날카로우니 던지거나 떨어뜨리지 마세요. (사용연령: 8세 이상)
*KC마크는 이 제품이 공통안전기준에 적합하였음을 의미합니다.